I0461976

آفاق الاقتصاد المريض (صناعة إمريكية)

دار حروف منثورة للنشر والتوزيع

الطبعة الأولى

الكتاب: آفاق الاقتصاد المريض

المؤلف: نادر عبد الرحيم

تصنيف الكتاب: اقتصاد

تصميم الغلاف: أحمد عبد السلام

تنسيق داخلي: أحمد عثمان

مراجعة لغوية: فريق الدار

رقم الإيداع: 2022/21711م

الترقيم الدولي: 978-0-0795-5258-7

مؤسس الدار

مروان محمد

Website: https://horofpdf.wixsite.com/ebook

Fan page: http://facebook.com/herufmansoura

Email: herufmansoura2011@gmail.com

هاتف جوال: 00201113006296 – هاتف جوال: 00201064054995

آفاق الاقتصاد المريض
صناعة أمريكية

اقتصاديات في عصر الوباء

د / نادر عبد الرحيم

إهداء لأمي الحبيبة ━━━━━━

كانت أمي رحمة الله عليها، تُخطط دائماً على صناعة الابن المثقف والقارئ الجيد.

كانت تشتري من الكتب الكثير وبشكل شهري، وتتركها بأماكن متفرقة من المنزل، جزءً بغرفتي، وأجزاء أخرى بمناطق متفرقة من المنزل، والباقي من الكتب يتم وضعه بالمكتبة الصغيرة بمنزلنا المتواضع.

والغريب في الأمر، أن أمي الحبيبة، لم توجهنا يوماً بضرورة قراءة هذه الكتب، حتى أنها لم تكن تتعمد القراءة أمامنا.

لكن بحضور الضيوف من العائلة لبيتنا، وعند فتح حلقات النقاش بأي موضوع، كانت تنظر إلي وتسألني وما هو رأيك، فيكون الرد في صغري دائما لا أعلم، وعند تلك اللحظة كان يأتي التوجيه بأن معلومات هذا الموضوع موجودة بالبيت داخل أحد الكتب المنثورة، ودون إرشاد إلى اسم الكتاب.

رحمة الله عليها تعلمنا منها البحث والقراءة، ومتى يمكن أن نستفيد من العلم، في خلق آفاق جديدة، وكيف نطور الضمير الأدبي على أساس علمي.

وهكذا أصبح لنا رأي في مناقشة مواقف ومواضيع الحياة، وليس رأي فقط ولكنه ذو مرجعية علمية مدروسة ومخططة.

رحمة الله عليك يا ست الحبايب، فقد أصبحنا كما يشاء الله ثم شئت.

ابنك / نادر عبد الرحيم

كلمة الكاتب

جاء الوباء بمطلع عام 2020م، في ظل مؤشرات اقتصادية تتوقع الركود والصراع التجاري، ومن ثم استيقظت معه جدلية المؤامرة، وبغض النظر عن حقيقة التطبيق، فإن العالم قد شهد من الأثار القهرية المدمرة، ما لم يشهده عبر التاريخ، حتى أصبحت القيود هي الأساس، والحرية تأتي على سبيل الاستثناء.

انهارت عروش، وخسر بعض السياسيون ثقلهم، وأضحى ميزانيات الدول على حافة السقوط، وجاء على قمة التركيز القطاعات الصحية، ومن ثم وضُعت الدول على البارومیتر القياسي، لكفاءة وقدرة الدولة على مواجهة الوباء، من واقع أمن صحي غاية في الخطورة على الثالث من الدول النامية، وتولى القيادة العلم والعلماء إن سُمح لهم بالتدخل.

وقد مارس الوباء انقلاباً في مسار التجارة، واختلافاً في اقطاب العالم الاقتصادية، وتبادل الأدوار قد أصبح واقعاً، ومن ثم انطلقت تحالفات جديدة، واهتزت حضارات متعددة، وأصبح التهديد يصيب الجميع، والحذر كل الحذر هو مسار الصراع التجاري والمنافسة الدولية.

إن عودة ظهور شركات الأدوية والبحوث العلمية ومعامل الأبحاث البيولوجية، قد جاء في ضبابية المشهد، لا نعلم في بياناته، هل هو الحل أم المشكلة، وبدء التلقيح للبشر دون اختيار أو بالإجبار غير المباشر، مستهدفاً مناعة البشرية الطبيعية، وهذا على صعيد أنك لا تعمل في مسار صحة المجتمع، وهيهات قدرة اللقاح في مواجهة المتحور المتجدد، والنسخ البديلة، ليكون المستقبل من هدف اللقاح، قابع على مرآة ومؤامرة التاريخ، وفي مواجهة سيادة الجنس البشري بامتياز (المليار الذهبي).

ظروف الأغلاق ببداية الوباء مارست التعديل والاختلال الكامل للهياكل الاقتصادية، وصاحب ذلك التحول الإلكتروني كبديل التقارب الاجتماعي، ليكون الفضاء الإلكتروني هو السوق الأمثل للتجارة، ويظهر بهذا المقام بداية انهيار حرية حركة عناصر الإنتاج، وانطلاق واسع للتداول بالمنصات الالكترونية، والعملات الافتراضية، باعتبارهما سبيل المستثمر الحذر، ومسار انهيار الاقتصاد الحقيقي لأجزاء غير قليلة من الكوكب.

إن تقلب أسعار المورد الهيدروكربوني، وبشكل عنيف بين الأثر التضخمي والركود، والتأثير المباشر على مسار الطاقة، وانعكاساتها على تكلفة الإنتاج، فضلاً عن الكوارث الطبيعية، كل ما سبق قد مهد الطريق بامتياز نحو معضلة الركود التضخمي، وتعميق الأزمة الاقتصادية العالمية على ابعاد ممتدة من عدم التوازن والاستقرار، ومن ثم أصبح الأمن الاقتصادي في خطر كارثي غير مسبوق، قد يظهر أثاره الكارثية بالأمن الغذائي عبر العام أو الأعوام القادمة.

وهنا جاءت معايير جديدة لاقتصاديات في عصر الوباء، لم تُختبر بعد بنتائجها، لتكون البرجماتية منهج البحث والتطبيق، في مواجهة تداعيات سلبية كارثية اقتصادية، تتطلب سرعة ودقة التطبيق، وذلك على مسار الخروج من مصيدة الركود التضخمي، وأفلح إن صدق، ويأتي مستقبل يرتكز على أدبيات اقتصادية جديدة، قد يصاحبه تغير في النظام النقدي العالمي، وقد تتباين معه سياسات الكوكب الاقتصادية، بهدف علاج جسد الاقتصاد العالمي المريض، لا سيما في إطار من الحروب الممتدة.

إن حجم الفجوة عميق وواسع، والأزمة قد تمتد فترات زمنية شديدة الصعوبة، مع محدودية أدوات العلاج، ومع حاجات انسانية تسبق الموارد بآلاف الأميال، فهل يمكن تنمية الموارد، أم أن الهدف هو قتل الحاجات الإنسانية، لتصبح مجرد الحياة هي الغاية والأمل دون أدنى حقوق الإنسانية، حيث تمارس الحكومات خلال

هذه الحياة، سلب الحريات بشكل متتابع، بمبررات حفظ أمن وصحة المجتمع، فهل هي سياسة الفصل العنصري الجديد، لنظم إدارة العبيد بلا حقوق.

المؤلف

د / نادر عبد الرحيم

استهلال

هذا الكتاب، يمثل التعبير البسيط للمتغيرات الاقتصادية، من وراء جائحة كورونا، منذ بداية عام 2020م، حيث أصبح جلياً لنا أن مسار الأهداف العالمية هو تحولات في الاقتصاد العالمي، ولتكون أدوات المؤامرة على طريق انتشار المجاعات وأزمات الغذاء والأوبئة، لاسيما في الدول الإسلامية عامة، العربية على وجه الخصوص، حيث تارةً يكون الوباء وفق المتوالية العددية، وأخرى يكون فائدة الدولار الأمريكي، وبين الحين والأخر تقوم الحروب بما عجز النظام العالمي على تنفيذه، ويصبح الهدف الأعظم، هو تهيئة مناخ سيناريو الفتن والملاحم والنهايات، وحصر القوة لهم، ليصبح العالم لا قوة له، فكيف يمكننا أن نُفسر، وَإِذْ يَمْكُرُ بِكَ الَّذِينَ كَفَرُوا لِيُثْبِتُوكَ أَوْ يَقْتُلُوكَ أَوْ يُخْرِجُوكَ ۚ وَيَمْكُرُونَ وَيَمْكُرُ اللَّهُ ۖ وَاللَّهُ خَيْرُ الْمَاكِرِينَ، وكيف نفهم آية الله سبحانه، وَقَدْ مَكَرُواْ مَكْرَهُمْ وَعِندَ ٱللَّهِ مَكْرُهُمْ وَإِن كَانَ مَكْرُهُمْ لِتَزُولَ مِنْهُ الجبال.

وعلى الصعيد الاقتصادي يمكن توضيح التغير السلبي على أداء الهياكل الاقتصادية، من واقع المؤشرات الكلية، وأثر ذلك على مكونات الطلب الكلي العالمي، الذي يمكن تقسيمه إلى <u>أربعة اقسام رئيسية:</u>

- الاستهلاك الكلي العالمي، وسلوك المستهلك.
- الاستثمار الكلي العالمي، وسلوك المنتج.
- صافي الموازنات الحكومية، والعجز المالي.
- صافي الصادرات، وتغيرات التجارة الدولية.

نبدأ من شرح مُبسط للمكونات الأربعة للاقتصاد الحقيقي (السلع والخدمات)، عبر أدبيات الاقتصاد الكلي، للوقوف على المعنى الصحيح لماهية الطلب الكلي (الطلب الفعلي)، وتأثيراته على نمو الناتج المحلي الإجمالي العالمي، وبعد الاستيعاب البسيط، نأتي بما

ترتب على جائحة كورونا المستجد، من آثار سلبية عميقة على الطلب الكلي (الاقتصاد الحقيقي)، وماهية أسباب هذا التأثير، ونستند في هذا المقام احصائياً إلى تقارير/ (صندوق النقد الدولي- البنك الدولي - أدبيات الاقتصاد الكلي)، خلال أعوام 2021/20222020م.

وعن طريق السياسات الاقتصادية، لا سيما المالية منها، والتي تم تطبيقها على الصعيد العالمي للدول المختلفة، وخاصة دول الوفرة النسبية والفوائض المالية، فإنه من الأهمية بمكان تحديد خارطة الطريق لمواجهة تداعيات فيروس كورونا المستجد، التي من المتوقع انحصارها خلال عام 2022م، ومن ثم التمهيد لظهور أوبئة جديدة.

إن عمق الأزمة، وزيادتها يدفع نحو استمرار الصراع التجاري بين الولايات المتحدة الأمريكية وحلفائها من جهة، والصين وروسيا وحلفائها من الجهة المقابلة، لتكون الأزمة هي الترجمة الواضحة للصراع بين الشرق والغرب، ومن يتولى عرش الهيمنة الدولية، من منظور اقتصادي ذو انعكاسات سياسية واجتماعية.

وقد أثبتت الصين بما لا يدع مجالاً للشك، أنها مصنع للعالم، والجديرة بالمنافسة والصراع على الصعيد الدولي، ومن ثم يأتي العالم الثالث ليأخذ دور وقود الصراع، وتضحياته، حتى تولي الوريث الشرعي للملك.

وهنا فإن هذا الكتاب، يأخذ أهميته الاقتصادية، من خلال استعراض السياسة الاقتصادية الجديرة بالتطبيق بشكل أقرب إلى التبسيط، ولكن في مجتمع قادر على مكافحة الفساد بمختلف أنواعه، وفي إطار من المناخ الديموقراطي الذي يتحمل المتخصصين عنه العبء الأكبر لتوجيه المجتمع اقتصادياً، داخل كيانات لا تتمتع بالحد الأدنى من تلك الديموقراطية.

والله من وراء القصد.

بسم الله الرحمن الرحيم

يوسُفُ أَيُّهَا الصِّدِّيقُ أَفْتِنَا فِي سَبْعِ بَقَرَاتٍ سِمَانٍ يَأْكُلُهُنَّ سَبْعٌ عِجَافٌ وَسَبْعِ سُنبُلَاتٍ خُضْرٍ وَأُخَرَ يَابِسَاتٍ لَّعَلِّي أَرْجِعُ إِلَى النَّاسِ لَعَلَّهُمْ يَعْلَمُون (يوسف، 46)

المبحث الأول: الطلب الفعلي (الاقتصاد الحقيقي)

مقدمة

إن التخطيط المُنظم الذي يهدف إلى، إضعاف الاقتصاد الكلي للعالم، باستخدام أدوات معقدة ومتعددة (بيولوجية – اقتصادية – سياسية – عسكرية – اجتماعية .....) ذات فترات زمنية متوسطة وطويلة الآجل، يمكن اعتبارها نتائج ملموسة لقيادة اليسار السياسي للنظام العالمي بالوقت الراهن، وتأتي المنظمات الأممية وهيئاتها كجهات تنفيذية مأمُورة، بالتطبيق ودراسة الأثر، حتى تحقيق ما يرغبه هذا اليسار (الذراع الباطش للنظام العالمي).

ويُعرف الاقتصاد الحقيقي بأنه ذلك الاقتصاد غير النقدي، ويتعلق بالسلع والخدمات الملموسة المادية، ليتم قياسه من خلال الناتج المحلي الإجمالي (GDP)، والذي يمثل القيمة النقدية السوقية للسلع والخدمات النهائية المنتجة في اقتصاد ما خلال سنة عادة، ومن ثم يمكن الوقوف على النقاط التالية:

- الناتج المحلي الإجمالي = مجموع السلع والخدمات السوقية، النهائية، الموجهة للبيع، بالإضافة إلى بعض المنتجات الخدمية غير السوقية التي توفرها الحكومات مجانا مثل التعليم والصحة والأمن والدفاع، والتي أُنتِجت داخل اقتصاد ما خلال سنة عادة، (قيمة نقدية سوقية نهائية موجهة للاستهلاك النهائي).

- الناتج المحلي الإجمالي = النشاط الإنتاجي لجميع المقيمين في بلد بعينه بما في ذلك الشركات الأجنبية، بغض النظر عن الجنسية (غير متحيز للجنسية)، بخلاف الناتج القومي الإجمالي الذي يقيس النشاط الإنتاجي

لجميع الحاملين لجنسية معينة بغض النظر عن مكان إقامتهم.

- يستبعد مقياس الناتج المحلي الإجمالي، بعض الأنشطة من دائرة القياس، مثل الأنشطة المنزلية والأعمال التطوعية، بالإضافة إلى الأنشطة التي تتم في السوق السوداء، وكذلك عمليات إعادة البيع.

- يقيس الناتج المحلي الإجمالي السلع والخدمات النهائية، أي أنه يستبعد كافة الأعمال الوسيطة، بمعني أخر أن القيمة السوقية للبيع النهائي، هي مجال قياس الناتج المحلي الإجمالي، (القيمة السوقية النهائية = مجموع القيم المضافة)، ويمكن قياس الناتج المحلي الإجمالي من خلال ثلاث مقاربات مختلفة:

1) من خلال الإنتاج:
ويكون بجمع القيم المضافة لكل الأنشطة الإنتاجية التي يراد إدراجها، وتٌعرف القيمة المضافة على أنها الفرق بين إجمالي المبيعات وقيمة المدخلات الوسيطة في عملية الإنتاج.

2) من خلال الإنفاق:
ويكون بجمع نفقات الاستهلاك النهائي للقطاع العائلي والشركات والقطاع الحكومي بالإضافة إلى نفقات الاستثمار ورصيد صافي التجارة الخارجية مع الخارج (الفرق بين الصادرات والواردات).

3) من خلال الدخل:
ويكون بجمع كل الدخول المتولدة عن الإنتاج كعوائد لعناصر الإنتاج (عمل – أرض – رأس مال – تنظيم)، لتكون (الأجور – الإيجارات – الفوائد – الأرباح).

- الناتج المحلي الإجمالي <u>الحقيقي</u>، يتم حسابه من خلال تعديل الناتج المحلي الإجمالي الاسمي بفضل استخدام مُعامِل يسمح بتحييد أثر الأسعار على تطور الإنتاج، وبهذا يتم قياس تطور حجم الإنتاج، بعد استبعاد أثر تغيرات الأسعار (معدل التضخم)، ويستخدم تطور الناتج المحلي الإجمالي الحقيقي في جميع بلدان العالم كمؤشر يستدل به على الصحة العامة للاقتصاد، حيث إن نموه دليل على خلق الثروة والاستثمار وزيادة التشغيل.

- نعتمد في جميع اقسام الكتاب على ما يسمى الناتج المحلي الإجمالي الحقيقي، كمؤشر على درجة تضرر الاقتصاد من انتشار جائحة كورونا، على الصعيد الكلي.

- يأتي التدفق الدائري للنشاط الاقتصادي ليشمل <u>القطاعات</u> <u>التالية:</u>

1) القطاع العائلي (house hold)
2) قطاع الأعمال (firms)
3) القطاع الحكومي (government)
4) القطاع الخارجي (net export)

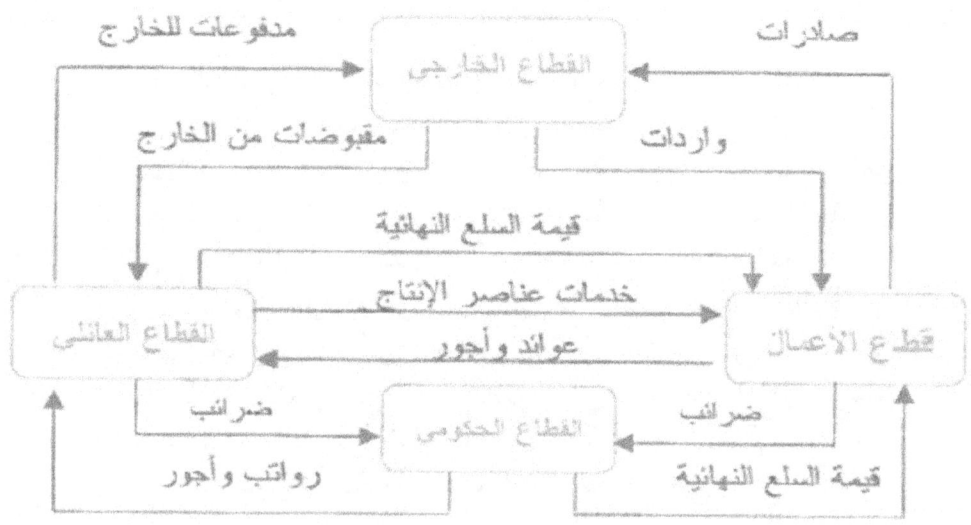

-   يتكون الناتج المحلي الإجمالي من أربع قطاعات رئيسية (وفقاً لمنهجية الطلب الكلي):

1) الاستهلاك الكلي.
2) الاستثمار الكلي.
3) صافي الموازنة الحكومية (الإيراد – الانفاق).
4) صافي الصادرات (الصادرات – الواردات).

أولاً: الاستهلاك / الادخار الكلي (نظرية سلوك المستهلك)

قد يظن البعض أن الاستهلاك وزيادته، يمارس أثراً عكسياً على الدخل التوازني المستهدف، لكن الجدير بالذكر أن الإنفاق الاستهلاكي هو جزء أصيل من الطلب الكلي، ومحرك رئيس لنمو الناتج المحلي الإجمالي، حيث يمارس تحققه انعاشاً للاستثمار الكلي، لاسيما إن كان ناتج هذا الاستثمار من سلع وخدمات، هو مكون محلي غير مستورد، وهو ما يسمى مجتمع الرفاهية المستهدفة، ومن ثم فإن ضعف الاستهلاك يدعو إلى ركود ناتج الاستثمار، ليظهر اقتصادياً قصور في العرض الكلي للسلع والخدمات، مما يترتب عليه سحب قاطرة النمو الحقيقي للاقتصاد الكلي إلى الوراء مخلفة معها اثار سلبية على مسار الإنفاق الاستثماري.

إن الجزء المخصص من الدخل للإنفاق الاستهلاكي، هو المُحدد الرئيسي لذلك الجزء المتبقي الذي لا يستهلك، والمعروف اقتصادياً، (بالادخار الكلي)، الذي بالضرورة أن يترتب عليه وقوع استثمار مولد، ومن ثم فإن الذي لا يستهلك من الدخل، لابد بالضرورة أن يُدخر، وما يُدخر لابد بالضرورة أن يُستثمر، حتى يتحقق التوزان الاقتصادي، والنمو الحقيقي المستهدف.

وعليه فإن زيادة الدخل، هي بداية زيادة لكل من الاستهلاك والادخار والاستثمار (الكلي)، ومن الأهمية بمكان الإشارة إلى الدول النامية ومعضلة انخفاض قيمة الانفاق الكلي، والتي يكون مُحصلها استهلاك وادخار واستثمار أقل، هذا على عكس الدول المتقدمة والتي تسمح بحيز كبير من الإنفاق على صعيد الإنفاق الكلي، الذي يُعاد استثماره مرة أخرى في صورة مدخرات أكثر وإنفاق استهلاكي أكبر.

ومن الأهمية بمكان الإشارة إلى أن شرح تضخم الأسعار بوصفه ظاهرة عالمية، من دون التعرض إلى متوسط نصيب الفرد من

الدخل، هو ذريعة الحكومات الفاشية وحُججها، والتي ترتكز في التبرير على حجة المساواة العالمية في ارتفاع الأسعار (مقولة الأسعار ترتفع في العالم كله)، في حين أن نفس هذه المساواة لا يتم تطبيقها على متوسط نصيب الفرد من الدخل، فضلاً استهداف الديكتاتوريات الفاشية دائماً، تحويل محدودي ومتوسطي الدخل، إلى ممول رئيس للإيراد العام بالموازنة العامة لتلك الحكومات الفاشية الفاشلة، مما يحمل معه مزيداً من تشويهه ميزانية الأسرة والفرد، ويقلص مع مرور الوقت الحيز المتاح للسياسات الاقتصادية في مواجهة الأزمات المتعاقبة، والتي تضع المواطن بعنق زجاجة مستدام، وتحت ذريعة الحفاظ على الدولة وأدائها، من الفوضى عند المطالبة بالحقوق الأساسية، ومن ثم نأخذ من الفقير حتى يزداد الغني غنى، حفاظاً على التوازنات والموائمات السياسية، ومنطق لا تشتري العبد إلا والعصا معه.

ومن هنا يصبح الاستهلاك الكلي نقطة المرور الأولى للقطاع العائلي المحمل بالأعباء ألا النهائية، كشرارة الاحتراق لمحرك التدفق الدائري للدخل، وبداية مسار تعزيز عمل الهياكل الاقتصادية الكلية المتعثرة بامتياز، داخل اقتصاديات الدول الفاشية الفاشلة.

التطبيق الرياضي لدالة الاستهلاك الكلي (C)، الخطية من الدرجة الأولى

هناك دائما نوعين من المتغيرات، داخل الدوال الخطية (دوال الدرجة الأولى)، احداهما المتغير المستقل، والأخر المتغير التابع، وحيث يكون الاستهلاك الكلي هو المتغير التابع، ويكون الدخل المتاح للتصرف، هو المتغير المستقل.
وبافتراض أن الاقتصاد مغلق ولا يشمل القطاع الحكومي، يكون الدخل المتاح للتصرف، موزعاً ما بين الاستهلاك والادخار فقط، بل ويمكن القول إن الادخار هو متمم للاستهلاك، بل هو مُشتق من سلوك المُستهلك.
وعليه فإن دالة الاستهلاك تنقسم بالفترة القصيرة إلى قسمين رئيسين:

1) استهلاك تلقائي ثابت (ca)، وهو الاستهلاك عندما يكون الدخل صفر، ويسحب من المدخرات، وهو ضروري لكونه استهلاك الحفاظ على الحياة، مثال / إنفاق الطالب على الغذاء = انخفاض ادخار رب الأسرة.
2) استهلاك نسبي، وهو استهلاك كنسبة من الدخل أكبر من الصفر واقل من الواحد(b)، ويمثل ذلك الجزء الذي يستقطع من الدخل (Y)، ويتم توجيه للإنفاق الاستهلاكي.

عوامل التـــــــغير في دالة الاســــــتهلاك
Changes in the consumption Function

وهو يأتي من خلال الاستهلاك الثابت والميل الحدي للاستهلاك.

> 1- تأثير ارتفاع الاستهلاك الثابت = الانتقال منحنى الاستهلاك لليمين وإلى الأعلى، نتيجة:

- زيادة الثروة وتشمل: ارتفاع قيمة الأسهم أو ارتفاع قيمة السندات أو ارتفاع قيمة السلع المعمرة المملوكة بواسطة المستهلكين (كلها تؤدي لزيادة الثروة).

- ثقة المستهلك (عندما يكون المستهلك أكثر ثقة بالمستقبل فهنا يكون الاستهلاك الثابت أكبر) (وعندما يكون متشائماً فيكون الاستهلاك الثابت أقل لأنه يريد أن يدخر من أجل المستقبل)

> 2- تأثير ارتفاع الميل الحدي للاستهلاك من خلال:

(عند ارتفاع الاستهلاك الثابت نجد أن منحنى دالة الاستهلاك سينتقل بشكل موازي)، وإذا تغير الميل الحدي للاستهلاك (كنسبة من الدخل) تغير معه ميل دالة الاستهلاك، مما يؤثر في الميل الحدى للاستهلاك، ومن ثم دوران دالة الاستهلاك حول محور الاستهلاك الثابت.

- التقديرات الشخصية للزيادة في الدخل وهل هي دائمة أو مؤقتة، حيث إن الدراسات التطبيقية أثبتت انه إذا كانت الزيادة في الدخل يتوقع أن تكون دائمة وبشكل مستمر فإن الميل الحدي للاستهلاك سيزيد عكس الزيادة المتوقع أنها مؤقتة فإذا كانت الزيادة في

الدخل المتوقع أن تكون مؤقتة فالميل الحدي للاستهلاك لن يستجيب أي لم يزيد لأنها مؤقتة.

- انخفاض الضرائب على الدخل، يعني هذا زيادة في الميل الحدي للاستهلاك فعندما نُدخل القطاع الحكومي سنُدخل معه الضرائب، وبحيث إذا انخفضت ضريبة الدخل فان الميل الحدي للاستهلاك سيزيد، حيث أنه بانخفاض الضريبة يتزايد الدخل المتاح للتصرف، مما يسمح بحيز أكبر يتم توجيه لعنصري الاستهلاك أو الإدخار.

العلاقة بين الاستهلاك والادخار: S=y-c

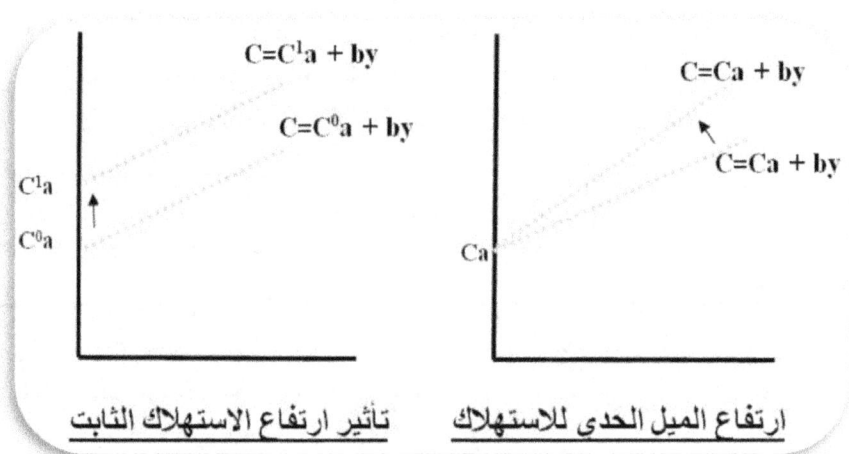

تأثير ارتفاع الاستهلاك الثابت — ارتفاع الميل الحدي للاستهلاك

من ثم فإن الدالة الخطية للاستهلاك الكلي يمكن صياغتها على النحو التالي:

الاستهلاك الكلي = استهلاك ثابت + نسبة مضروبة في الدخل المتاح للتصرف.

$$C = ca + b (y)$$

ويمكن افتراض ما يلي

$$C = 50 + 0.75 (Y^*) \longleftarrow$$

$$\boxed{C = ca + b (Y^*)}$$

(C) الاستهلاك يساوي:

- (C_a) الاستهلاك الثابت أو التلقائي ويقصد به ذلك الاستهلاك الذي لا يعتمد على الدخل، أو بمعنى أخر هو ذلك الاستهلاك عندما يكون الدخل = صفر، سواء على مستوى الفرد أو الدولة، على سبيل المثال لا يوجد دخل كأن يكون عاطل عن العمل فيكون عنده استهلاك ثابت بمقدار (Ca) وهذا يأتي من مدخرات سابقة، عندما كان يعمل أو قد يكون عنده أسهم ثم قام ببيعها حتى يستهلك فهناك جزء من الاستهلاك يكون استهلاك ثابت لا يعتمد على الدخل.

- الجزء الأخر: الاستهلاك المستحدث بواسطة الدخل أو المُعتمد على الدخل فالمعامل الذي يربط بين الاستهلاك والدخل هو (b) الذي هو (MPC) وهو الميل الحدي للاستهلاك، وتعريفه: هو مقدار التغير في الاستهلاك نتيجة لتغير الدخل = (ظل الزاوية)، يعني لو تغير الدخل دولار واحد كم مقدار تغير هذا الاستهلاك، ولهذا من البديهي افتراض أن الميل الحدي للاستهلاك سيكون أقل من الواحد وأكبر من الصفر، يعني لو زاد دخلك بمقدار دولار

واحد فأنت ستستهلك جزء من الدولار وستدخر الجزء الآخر. 0
1 > MPC >

تعريف الميل الحدي للاستهلاك رياضياً $\dfrac{\Delta c}{\Delta ..}$

مثلاً / الميل الحدي للاستهلاك (0.9) لو زاد الدخل بمقدار دولار واحد فإن الاستهلاك سيزيد (0.9) وما تبقى من الواحد سيذهب إلى الادخار (بميل 0.1)، في ظل افتراض نموذج تقليدي للاقتصاد مغلق، بلا حكومة أو انفتاح على العالم الخارجي، فمن خلال الرسم نستطيع أن نرسم دالة الاستهلاك = دالة خطية تقطع المحور الرأسي عند قيمة الاستهلاك الثابت (Ca)، فلو كان الاستهلاك الثابت= 50 ستقطع المحور الرأسي عند 50، وطبيعة ميلها يحدده الميل الحدي للاستهلاك (MPC)، فإذا كان كبير فستكون شديدة الانحدار فزيادة في الدخل بمقدار دولار واحد فيذهب جزء كبير منه للاستهلاك، أما إذا كان الميل الحدي للاستهلاك قليل معنى ذلك إذا زاد الدخل بمقدار دولار سيذهب منه مقدار كبير للادخار.

-   يأتي الإنفاق الاستهلاكي كأسرع عناصر الطلب الكلي تأثراً بالفجوات الاقتصادية من ركود أو تضخم، لاسيما تأثيرات الركود التضخمي، حيث يتأثر الدخل المتاح للتصرف بالانخفاض، فضلاً عن انخفاض القوة الشرائية مع ارتفاع المستوى العام للأسعار، مما ينعكس سلباً مرة أخرى على التدفق الدائري للدخل، بما يدفع نحو المزيد من انخفاض الانفاق الكلي، وعليه يتم تخفيض توقعات النمو بالناتج المحلي الإجمالي، ويمكن القول إن التضخم هو كقارض (جرذ) يتكاثر وينمو على القوة الشرائية، ويترتب عليه تآكل أثار النمو الاقتصادي المستهدف.

- تأثيرات جائحة كورونا، والاغلاق الإجباري، والتباعد الاجتماعي المُلزم، تأتي بأثار سلبية مباشرة على مستوى الدخل المتاح للتصرف، لاسيما مع ارتفاع معدلات البطالة (فقدان الوظائف)، مما يترتب عليه انخفاض كبير في الإنتاج السلعي والخدمي، ومن ثم نقص المعروض الكلي (فجوة عرض)، تدفع إلى حدوث ما يسمى بالتضخم، نتيجة ارتفاع تكلفة عناصر الإنتاج، فضلاً عن انخفاض في معدلات الانفاق الكلي التي تسمى اصطلاحاً بالركود، ليواجه العالم معضلة الركود التضخمي.

- إن تأثير جائحة كورونا هو الأكبر بالنسبة للفئات الأشد فقرا في العالم، ففي عام 2021، انخفض متوسط دخل الأربعين في المئة الأشد فقرا من السكان في توزيع الدخل العالمي بنسبة 6.7% عن توقعات ما قبل الجائحة، في حين انخفض متوسط دخل الأربعين في المئة الأشد ثراء من السكان بنسبة 2.8%، والسبب في هذا الاختلاف الكبير هو أن الأربعين في المئة الأشد فقرا من السكان لم يبدأوا في استعادة خسائر دخلهم، في حين استعاد الأربعين في المئة الأكثر ثراء ما تجاوز 45% من خسائر دخلهم الأولية، و ذلك نتيجة بديهية لارتفاع الميل الحدي للاستهلاك عند الفقراء، أكثر من هذا الميل عند الأغنياء، حيث أن الفقير لا زال في مسار سد الحاجات الأساسية والضرورية والتي تمثل جزء كبير من دخله المتاح للتصرف، ومن ثم بين عامي 2019 و2021، انخفض متوسط دخل الأربعين في المئة الأشد فقرا من السكان بنسبة 2.2%، وانخفض معه الحيز المتاح للإنفاق الاستهلاكي، في حين لم ينخفض متوسط دخل الأربعين في المئة الأعلى ثراء إلا بنسبة 0.5%.

- وقد تحول انخفاض الدخل إلى زيادة حادة في معدلات الفقر في العالم، ويعيش نحو 97 مليون شخص آخرين على أقل من 1.90 دولار للفرد في اليوم بسبب الجائحة، مما رفع معدل الفقر العالمي من 7.8% إلى 9.1%؛ ويعيش 163 مليون شخص آخرين على أقل من 5.50 دولار للفرد في اليوم، وعلى الصعيد العالمي، تشير التقديرات إلى فقدان ما بين ثلاث وأربع سنوات من التقدم نحو إنهاء الفقر المدقع.

- وزاد عدد الفقراء في جميع مناطق العالم، ولاسيما في منطقتي أفريقيا جنوب الصحراء وأمريكا اللاتينية والبحر الكاريبي. فعلى سبيل المثال، وجدت مسوح استقصائية هاتفية عالية التواتر أجراها البنك الدولي أن 81% من الأسر المعيشية في بيرو و85% من الأسر في السنغال أبلغوا عن خسائر في الدخل في الأشهر الأولى من الجائحة، وزاد معدل الفقر المدقع في البلدان المنخفضة الدخل زيادة سريعة، مما أدى إلى انتكاسة التقدم المحرز لفترة تتراوح من ثماني إلى تسع سنوات، في حين تراجع التقدم المحرز في الشريحة العليا من البلدان المتوسطة الدخل بواقع خمس إلى ست سنوات.

- الفئات الأشد فقرا ليست هي الوحيدة المتضررة لأن الأسر المعيشية في شريحة الستين في المئة الأشد فقرا على خريطة توزيع الدخل العالمي فقدت جزءا من دخلها بسبب الجائحة، وتشير تقديرات قبل جائحة كورونا إلى أن نصيب الفرد من الدخل اليومي للأسر المعيشية التي تقع في منتصف خريطة توزيع الدخل العالمي سينمو من 7.15 دولار في 2019 إلى 7.44 دولار في 2021. ومن المتوقع الآن أن يبلغ دخل هذه الأسر 7.05 دولار في عام

2021، منخفضا 5% عن تقديرات ما قبل الجائحة، مع أهمية التأكيد على الحساسية المرتفعة تلك الفئات تجاه التغييرات في الدخل.

- تظهر الشواهد المستجدة أن التفاوتات داخل البلدان ربما ازدادت سوءا أيضا، فقد أظهرت المسوح الهاتفية التي أجراها البنك الدولي في البلدان النامية أن الأسر الأفقر فقدت دخلها وفرص العمل بمعدلات أعلى قليلاً من الأسر الأكثر ثراء، وهو اتجاه يسهم في تفاقم الفقر وعدم المساواة في العالم، ويرجع السبب في ذلك إلى أن الفئات الأولى بالرعاية ـ النساء، ومن لم يحصلوا إلا على قدر منخفض من التعليم، ومن يعملون في القطاع غير الرسمي في المناطق الحضرية ـ تضررت بشدة.

- ففقدان الوظائف بين العمال الأكثر ضعفاً، بمن فيهم النساء والشباب ومن لم يحصلوا على تعليم جامعي، يمكن أن يؤثر على إنتاجيتهم ونمو دخلهم حتى مع انتعاش الاقتصاد، علاوة على ذلك، يمكن أن تؤدي الآثار الشديدة التي تشهدها منشآت الأعمال الصغيرة والصغرى إلى تآكل رأس المال وفرص العمل الحر التي يصعب عكس مسارها، ولعل هذا هو السبب في أنه في البلدان التي كانت السياسات فيها أقل تقييداً والوظائف تُستعاد بين يوليو/تموز 2020 ويناير/كانون الثاني 2021،لم تضق كثيراً الفجوات في التوظيف بين الفئات المختلفة والتي نتجت عن الآثار الأولية للجائحة.

- وستؤثر ويلات جائحة كورونا أيضا على عدم المساواة والحراك الاجتماعي على المدى الطويل، وكان احتمال أن ينفق من فقدوا دخلهم بسبب الجائحة ضعفي احتمال إنفاقهم على الأصول أو المدخرات، مما يجعلهم أقل قدرة

على التغلب على الخسائر المستمرة أو المتكررة في الدخل، كما يزيد احتمال أن يمضوا يوما كاملاً دون أن تناول الطعام بنسبة 57%، وهو ما ينطوي على عواقب خطيرة طويلة الأجل على النمو الإدراكي والبدني عندما يحدث ذلك للأطفال، وتشير التقديرات أيضا إلى أن جائحة كورونا يمكن أن تؤدي إلى خسائر إجمالية تتراوح بين 0.3 سنة و0.9 سنة من الدراسة، مع تأثر الأسر الأفقر أكثر من غيرها.

- الجدير بالذكر أن تأثير تداعيات فيروس كورونا على سلوك المستهلك (تغيير عادات الاستهلاك)، يترتب عليها تشويه في ميزانية الأسرة، وانحراف في الانفاق الكلي، وعليه تنخفض درجات تأثير التوجيه الاقتصادي لأهداف التنمية والنمو الاقتصادي، هذا فضلا عن أن عودة عادات الاستهلاك إلى ما قبل الجائحة يأخذ فترات زمنية طويلة نسبياً، (التوجيه الاقتصادي لأهداف دعم المنتج المحلي قد لا تحقق الغرض منها).

اشتقاق دالة الادخار من دالة الاستهلاك، تأتي على النحو التالي:

- الادخار = الدخل المتاح (الذي لا يوجد فيه تدخل حكومي ولا فيه صافي صادرات) - الاستهلاك. لو ذهبنا لدالة الاستهلاك نجد أن دالة الادخار تشابه دالة الاستهلاك ($S = -S_a + dy$) (Sa-) الادخار الثابت وهو سالب، اما (d) هو الميل الحدي للادخار (MPS) وهو يساوي (1-mpc)، فنربط بين Sa في دالة الادخار وبين Ca في دالة الاستهلاك فنجد أنهما نفس المبلغ لكن هناك في الموجب للاستهلاك وهنا بالسالب.

- نجد أن عندما يكون الدخل يساوي صفر في العامود الأول (Y) نجد أن الاستهلاك الثابت (50) والادخار (-50) عندما يزداد الدخل ليصبح (50) سيكون الاستهلاك (87.5). اما إذا ذهبنا إلى دالة الادخار -=S 50+0.25(Y) نعوض بدل(Y) الذي هو الدخل (50) سيكون الادخار (37.5-)، وإذا انتقلنا إلى نقطة أخرى عندما يصبح الدخل (100) نجد الادخار بالسالب والاستهلاك أكبر من الدخل ولا زلنا نسحب من المدخرات لتمويل الاستهلاك، ثم عندما يكون الدخل (Y) =200 ماذا يحدث؟؟ نجد ان الاستهلاك يساوي الدخل ولهذا لاحظ نقطة تقاطع دالة الاستهلاك مع خط الـ 45. عند هذه النقطة 200 نلاحظ في نفس الوقت أيضا أن الادخار يساوي صفر لأن الاستهلاك = الدخل.
- إذا زاد الدخل (Y) أيضا من 200 إلى 250 ماذا سيحدث؟ سنجد أن الاستهلاك سيزيد إلى 237.5 وسيكون اقل من الدخل وهنا سيبدأ الادخار يكون بالموجب. إذا جمعنا الاستهلاك + الادخار = الإنتاج.

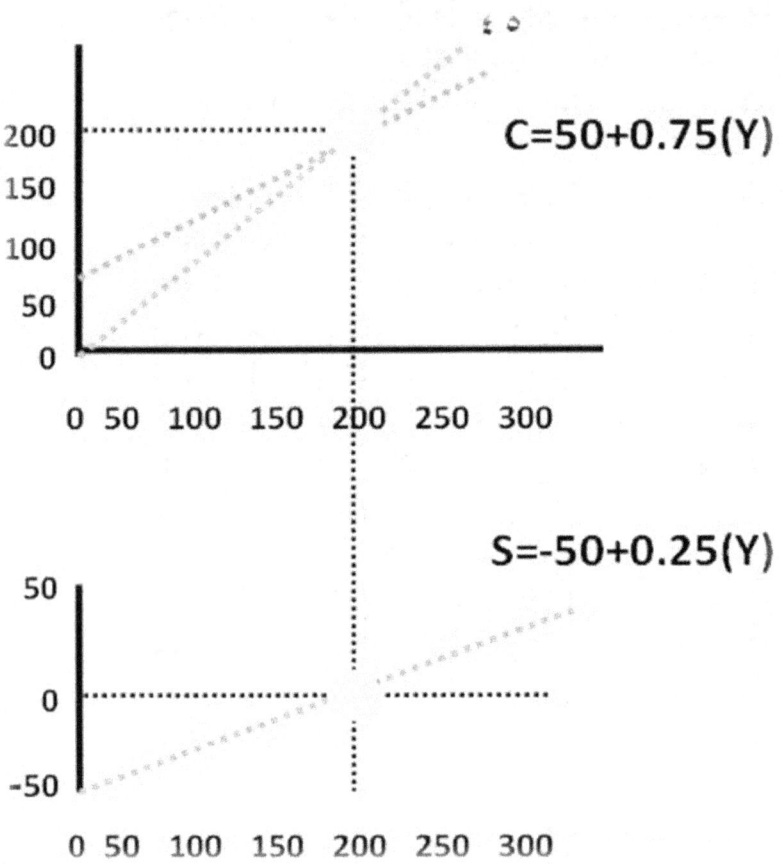

د ع
C=50+0.75(Y)
200
150
100
50
0
0 50 100 150 200 250 300
S=-50+0.25(Y)
50
0
-50
0 50 100 150 200 250 300

$C_a = 50$ $b = 0.75$		$Y^* = 200$ $d = 0.25$
y	C	S
0	50	-50.0
50	87.5	-37.5
100	125	-25.0
150	162.5	-12.5
200	200	0.0
250	237.5	12.5
300	275	25.0

- وعندما تمارس الجائحة تأثيراً سلبياً على الدخل المتاح للتصرف، فإن التأثير المباشر يكون على منحنيات
- الاستهلاك بالانخفاض والنزول المفاجئ، مما يترتب عليه سحب المزيد من المدخرات، فضلاً عن انخفاض الميل للادخار، مما يترتب عليه نقص المعروض بهدف تمويل الاستثمار، ومن ثم يكون الأثر كارثي على النمو الاقتصادي، لا سيما في ضوء ارتفاع معدلات البطالة والتضخم.

- وحيث أن دالة الادخار تمثل الاشتقاق الرياضي البسيط، من دالة الاستهلاك، كما ان ما لا يستهلك من الدخل، لابد بالضرورة أن يُدخر، كما أن ما يدخر لابد بالضرورة أن يستثمر، من ثم يواجه الاقتصاد العالمي عثرات انخفاض كلاً من الاستهلاك والادخار الكلين، مما يمارس تأثير

كارثي على اتجاهات الاستثمار المولد، وبشكل يترتب عليه انخفاض توقعات النمو للاقتصاد العالمي المريض.

- وجَّهت جائحة فيروس كورونا (كوفيد-19) ضربة موجعة إلى اقتصاد عالمي يعاني بالفعل من الهشاشة، ومع أن النطاق الكامل للآثار البشرية والاقتصادية للجائحة لن يتضح قبل مرور بعض الوقت، فإن الخسائر في هذين المجالين ستكون كبيرة، وتجعل مواطن الضعف القائمة بالفعل على صعيد الاقتصاد الكلي بلدان الأسواق الصاعدة والبلدان النامية عرضةً لاضطرابات اقتصادية ومالية، وقد يحد هذا من قدرة وفعالية المساندة على صعيد السياسات في وقت تشتد فيه الحاجة إليه، وحتى مع وجود مساندة السياسات، فمن المتوقع أن تكون التداعيات الاقتصادية لجائحة كورونا طويلة الأمد(مدونات البنك الدولي).
- في الأمد القصير، فإن اقتصادات الأسواق الصاعدة والبلدان النامية، التي يُرجح أن تكون الأشد تضررا اقتصاديا، هي تلك التي تعاني ضعف أنظمتها الصحية، أو تعتمد اعتماداً كبيرا على التجارة أو السياحة أو تحويلات المغتربين من الخارج، أو تعتمد على صادرات السلع الأولية، أو التي تعاني من مواطن ضعف مالية، وفي المتوسط، تشهد اقتصادات الأسواق الصاعدة والبلدان النامية ارتفاع مستويات ديونها عما كانت عليه قبل الأزمة المالية العالمية، وهو ما يجعلها أكثر عرضةً للضغوط المالية (مدونات البنك الدولي).

- تخلِّف حالات الركود الحاد تداعيات مستديمة على الناتج المحتمل من خلال تقليص معدلات الاستثمار والابتكار، وتآكل رأس المال البشري للعاطلين، والانسحاب من

دائرة التجارة العالمية، وانقطاع الصلة بسلاسل التوريد، وستكون الأضرار الطويلة الأجل لجائحة كورونا شديدة للغاية في الاقتصادات التي تعاني أزمات مالية، وفي المتوسط فإن فئة اقتصادات الأسواق الصاعدة والبلدان النامية، تتأثر على مدى خمس سنوات، مما قد يؤدي إلى كساد تصاحبه أزمة مالية، ومن ثم انخفاض الناتج المحتمل نحو 8%، أمَّا في البلدان المصدرة للطاقة من بين هذه الفئة، ففي المتوسط قد يؤدي كساد يصاحبه انخفاض الناتج المحتمل بنسبة 11%.

- من المتوقع أيضا أن تؤدي الجائحة إلى خنق معدل نمو الإنتاجية الذي كان ضعيفاً خلال العشرة أعوام الماضية، وكانت الأوبئة السابقة قد صاحبها هبوط معدل إنتاجية الأيدي العاملة بنسبة 6%، وتراجع معدلات الاستثمار بنسبة 11% بعد مرور خمسة أعوام في البلدان المتأثِّرة (مدونات البنك الدولي).
- ومن الأهمية بمكان دخول السياسات على نحو موجه – مثل زيادة إعانات البطالة ودعم الإجازات مدفوعة الأجر لأولياء الأمور – هو أمر مطلوب لحماية الفئات الأضعف لضمان ألا تؤدي الأزمة إلى توسع طويل الأمد في فجوة عدم المساواة.
- قد تسببت جائحة كوفيد-19 بخسائر فادحة لمئات الملايين من الناس في جميع أنحاء العالم، لكن الأطفال وأسرهم هم من يتحمل الوطأة الأشد للأزمة الاقتصادية الناشئة عن الجائحة، فقبل الجائحة كانت أرجحية أن يعيش الأطفال في الفقر المدقع تزيد بضعفين عنها بين البالغين، وحالياً قد يشهد عدد الأطفال الذين يعيشون تحت خط الفقر في بلدانهم زيادة تصل إلى 117 مليوناً، مما يجعل آفاق 700 مليون طفل أقل وضوحاً.

- بوسع التحويلات النقدية أن تحقق فرقاً هائلاً في حياة الأطفال — عبر مساعدة أسرهم على توفير الغذاء والمأوى والتعليم، ولكن بينما وضعت بلدان عديدة برامج لدعم الأطفال والأسر خلال جائحة كوفيد-19، فإن التباطؤ الاقتصادي العالمي يعني تراجعاً للميزانيات الحكومية، مما يجعل من المستحيل تلبية الاحتياجات المتزايدة لملايين الأطفال، (مدونات اليونيسيف).

- من ثم فإن تغيرات الدخل بالانخفاض نتيجة تأثيرات تداعيات كورونا (COVID 19)، تدفع الانفاق الكلي نحو الانخفاض ويكون فيه الانفاق الاستهلاكي أول المتأثرين، لاسيما داخل الطبقات صاحبة أعلى نسبة للميل الحدي للاستهلاك، والتي تقترب من الواحد الصحيح، وعليه يضغط الاستهلاك التلقائي على دالة الادخار بالسحب من المدخرات لمواجهة الإنفاق اللازم للحفاظ على الحياة، مما يكون محصلته انخفاض الادخار الكلي بشكل كبير، وهو الذي يمول عمليات الاستثمار الكلي المسئولة عن الاستثمار المولد، من ثم المزيد من الانخفاض في دالة الطلب الكلي (الانفاق الكلي)، وهكذا حتى تخفيض توقعات نمو الناتج المحلي الإجمالي، مع المزيد من اختلالات في ميزان المدفوعات، والموازنة العامة للدول، مما يتطلب المزيد من الوقت لمحاولة تدارك المزيد من الفجوات العميقة من ركود تضخم مصاحب، وبما يسمى معضلة الركود التضخمي.

(الدخل التوازني في اقتصاد يتكون من قطاعين)

Output (y) =demand(C+I)

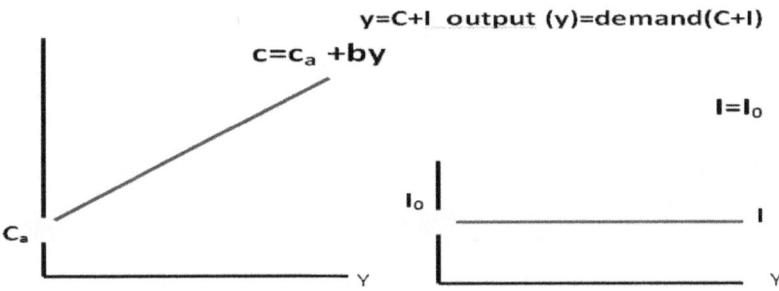

التوازن هو: الطلب الكلي = العرض الكلي
(الطلب الكلي يمثله الاستهلاك وكذلك الاستثمار)

العرض الكلي يمثله خط 45 أو الإنتاج سواء قلنا العرض الكلي أو الإنتاج نفس الشيء.

إذا كتبنا دالة الاستهلاك بشكلها المعتاد: $C=C_a +by$ كيف نستطيع حل التوازن الـ(I) طبعاً مازلنا نفترض أن (I) في هذا النموذج يعتبر استثمار ثابت مستقل ولهذا رسمناه كخط أفقي أو خط مستقيم موازي للمحور الأفقي ووضعنا في المحور الرأسي محور الاستثمار

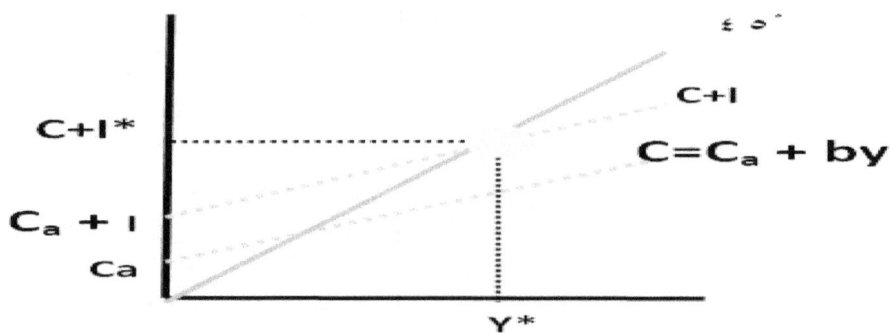

- نلاحظ نقطة انطلاق دالة الطلب الكلي على المحور العامودي تمثل الاستهلاك الثابت (Ca) والاستثمار الثابت (I) ومجموع (Ca + I) توضح نقطة الطلب الكلي على المحور العامودي , ويتحدد التوازن عند نقطة تقاطع الطلب الكلي مع 45° وهذا يعني أن القيمة(*Y) على المحور الأفقي تتساوى مع (*C+I) لأن هذه النقطة على 45° تكون المسافة الأفقية تتساوى مع المسافة الرأسية إذا كانت (*Y)=1000 فان *C+I لابد أن تساوي 1000 إذا هذه هي نقطة التوازن التي أكدنا عليها ، أن التوازن يحدث عندما يكون الطلب الكلي = الإنتاج أو = العرض الكلي. وأي انتقال إلى اليمين او الى اليسار سوف يولد ضغوط للعودة مرة أخرى إلى نقطة التوازن.

- لو قلنا إن الدخل هو أكبر من (*Y) ماذا سيحدث؟ سيكون هناك فائض في الإنتاج أكبر من المطلوب وبالتالي سيكون هناك تراكم في المخزون هذا مؤشر للمنتجين أن يقلصوا من إنتاجهم. والعودة مرة أخرى إلى (*Y) في المقابل نجد اليسار من (*Y) سيكون الإنتاج غير كافي لتلبية حاجة الطلب الكلي وهذا مؤشر للمنتجين بان يزيدون من إنتاجهم.

- إذا عند التوازن سيكون الطلب الكلي = الإنتاج أي مجموع الاستهلاك والاستثمار سيتساوى مع مجموع الإنتاج هذه هي نقطة التوازن وتحديد مستوى الدخل التوازني. ويمكن في الحقيقة أن نصل إلى التوازن من خلال الحل الجبري ستوضح ذلك (تحديد التوازن جبريا)

$$y = C + I$$
$$y = C_a + by + I$$
$$y - by = C_a + I$$
$$y(1-b) = C_a + I$$
$$y^* = (C_a + I) \frac{1}{1-b} \quad \text{أو بصيغة أخرى} \quad Y^* = \frac{C_a + I}{(1-b)}$$

تطبيق شرط التوازن وهو: Y=AD (Y الإنتاج يساوي AD الطلب الكلي)

مثال/ لإيجاد التوازن إذا كانت دالة الاستهلاك C = 50 + 0.75 (y)، والاستثمار الثابت (I =100)

$$Y = C + I$$
$$Y = 50 + 0.75(y) + 100$$
$$y - 0.75y = 150$$
$$y(1 - 0.75) = 150$$

إذاً الدخل التوازني = 600

- جاء مؤتمر الأمم المتحدة للتجارة والتنمية، (مؤتمر الأمم المتحدة للتجارة والتنمية / 2020م) مُبشراً بضعف القدرات الإنتاجية للعقد الجديد، نتيجة جائحة كورونا 19، فضلاً عن زيادة القاعدة الاقتصادية الضعيفة، وقد أعادت بالفعل تشكيل سلاسل القيم العالمية، بطرق أكثر اجحافاً للبلدان الأقل نمواً، وعلى المجتمع الدولي أن يلبي نداء التقرير الداعي إلى مزيد التضامن ومزيد من الدعم الدولي لتفادي هذه الازمة وبناء القدرة على الصمود في الأجل الطويل.

- عرَّضت جائحة كورونا ــ 19 اقتصادات أقل البلدان نمواً لأقوى صدمة اقتصادية منذ عدة عقود، وأدى هذا بدوره إلى انكماش اقتصادي حاد نتج عن تظافر الأثار الناجمة عن الركود الاقتصادي العالمي العميق وعواقب التدابير التي اعتمدتها حكومات أقل البلدان نمواً لاحتواء الجائحة، وأسوأ من ذلك أن هذه العواقب من المرجح أن تستمر في المدى المتوسط، (مؤتمر الأمم المتحدة للتجارة والتنمية / 2020م).

- وفي الفترة من تشرين أيلول/أكتوبر 2019 إلى تشرين أيلول/أكتوبر 2020، خُفِّضت توقعات النمو الاقتصادي في أقل البلدان نمواً بدرجة كبيرة من 5 إلى ــ 0,4 في المئة، ومن المتوقع أن تُفضي المراجعة إلى انخفاض نصيب الفرد من الدخل في أقل البلدان نمواً بنسبة 2,6 في المئة في عام 2020، حيث سيسجل 43 بلداً، من أصل مجموع البلدان المصنفة في فئة أقل البلدان نمواً والبالغ عددها 47 بلداً، انخفاضاً في متوسط مستويات الدخل، وهذه هي أسوأ نتيجة اقتصادية تسجلها هذه المجموعة من البلدان خلال 30 عاماً، وهي تمثل انعكاساً كبيراً لمسار التقدم الاقتصادي والاجتماعي الذي تحقق في السنوات الأخيرة،

بما في ذلك من حيث الحد من الفقر والنتائج الاجتماعية، فضلاً عن ذلك فإن هذه التطورات تجعل تحقيق أهداف التنمية المستدامة بحلول عام 2030 أصعب منالً، (مؤتمر الأمم المتحدة للتجارة والتنمية/2020م).

ومن المتوقع أيضاً أن يؤثر الانكماش العالمي تأثيراً سلبياً كبيراً على الفقر ويفاقم مشكلة انعدام الأمن الغذائي على الصعيد العالمي، وقد يؤدي ذلك إلى إدامة مسارات سابقة محددة ويحوّل أشكال الفقر العارضة إلى فقر مزمن، وقد أفرز تفشي جائحة كورونا–19 توقعات متشائمة للنمو الاقتصادي العالمي، بيد أن الأثر السلبي للجائحة سيكون أشد وقعاً على أقل البلدان نمواً، حيث يتوقَّع أن تؤدي الجائحة إلى زيادة بمقدار ثلاث نقاط مئوية – من 32,2 إلى 35,2 في المائة – في متوسط نسبة عدد الفقراء استناداً إلى خط فقر قوامه 1,90 دولار في اليوم، وهذا يعني أن عدد سكان أقل البلدان نمواً الذين يعيشون في فقر مدقع سيسجل زيادة بأكثر من 70 : 32 مليون نسمة، معظمهم في أقل البلدان نمواً خلال أعوام 2021، 2022م، (مؤتمر الأمم المتحدة للتجارة والتنمية / 2020م.

- وإذا استمر الركود فترة طويلة، قد يؤدي إلى تدمير الوظائف بشكل دائم، ويهدد بقاء المؤسسات، وما يرتبط بذلك من خسائر من حيث القدرات الإنتاجية والمعرفة الضمنية، وبما يؤثر على الناتج المحتمل خلال الفترة طويلة الأجل، لاسيما المشاريع التقليدية النشطة بالاقتصاد غير الرسمي، والمشاريع الصغيرة والمتوسطة داخل القطاع الخاص الذي يعاني بالأساس من محدودية الوصول إلى الائتمان.
- لم يمارس الاستهلاك الكلي أي دور في خلق التضخم، لأنه قد أصبح الاستهلاك الكلي ضحية من ضحايا هذا التضخم،

الناجم عن تضخم تكلفة الإنتاج، وارتفاع عوائد عناصر الإنتاج في ظل، تراجع في الإنفاق الكلي (انخفاض الطلب الكلي) لاسيما في الدول الأقل نمواً، وهذا التضخم بالتكلفة لن تجدي مع محاولات اتباع سياسات نقدية انكماشية برفع أسعار الفائدة، والجدير بالذكر أن السياسات النقدية بدول العالم الأول تختلف جزرياً عن دول العالم الثالث، وخاصة الأقل نمواً، فلكل اقتصاد منهما متغيراته الاقتصادية الحاكمة.

- يأتي الادخار الكلي مشتقاً من الاستهلاك الكلي، وعليه فإن مرآة المتمم لابد أن تأخذ في الانخفاض بكل متزايد، لضمان استهلاك الكفاف والحفاظ على الحياة، وذلك في ضوء ارتفاع أسعار السلع الغذائية الأساسية ونقص المعروض الكلي العالمي المصاحب لارتفاع أسعار الطاقة، وانتشار اثار التغير المناخي غير المسبوق، واتجاه الادخار الكلي نحو المزيد من الانخفاض، له تأثيرات كارثية على منحنى الاستثمار الكلي، المسؤول الرئيس عن مضاعف الدخل، وتطور الاقتصاد الحقيقي، والممثل الرسمي لعلاج الأزمات الاقتصادية على مدار التاريخ.

التحول الرقمي ضرورة اقتصادية

- جاء الاقتصاد الرقمي في عصر الوباء ليكون جزء أصيل من الاقتصاديات الحديثة، مما يدفع للقلق بشأن جاهزية البلدان الأقل نمواً نحو إمكانية استخدام هذا الاقتصاد الرقمي، مما يتطلب بشكل عاجل ومضطرد أن تعمل تلك الدول على تصميم وتنفيذ سياسات إنمائية تدعم وتحفز الاستثمارات في اكتساب القدرات التكنولوجية اللازمة

لتمكينها من ركوب موجة الابتكار الرقمي، وتتخلف أقل البلدان نمواً في سباق التحول الرقمي العالمي، كما يتبين من الاتجاه الواضح أصلاً لاتساع الفجوة الرقمية بين البلدان وداخلها، وتؤكد بحوث الاونكتاد أنه من غير المرجح أن تفيد برامج الدعم التقليدية الموجهة إلى المشاريع الصغيرة والمتوسطة الحجم في معالجة الثغرات في القدرات التكنولوجي، وتهيمن الدفوع المقنعة بشأن الفرص غير المسبوقة التي تتيحها التكنولوجيات الرقمية حالياً بشأن التنمية المستدامة، وهناك تنبؤان رئيسيان بشأن أثر الثورة الصناعية الرابعة يؤثران في عملية صنع السياسات لدى أقل البلدان نمواً، وهما:

✓ '1' قدرتها المتوقعة من حيث الحث على استحداث نماذج جديدة للأعمال التجارية والوعود بإضافة القيمة التي تحفز النمو الشامل.

✓ و '2' إمكانات البلدان المتأخرة في تحقيق قفزات كبيرة في مراحل التنمية، وتقع على عاتق واضعي السياسات مهمة تحويل هذه التنبؤات إلى استراتيجيات تُعطي الأولوية لحل المشاكل بشكل فعال.

-    ويتطلب الاقتصاد الرقمي معرفة واسعة وفهماً متعمقاً للتقنيات، الرقمية وتطبيقاتها عبر مختلف القطاعات، ولن يكون ممكناً إلا إذا تجنبت السياسات المتبعة تحويل الاهتمام من الاسباب إلى الاعراض، فالاهتمام بالأعراض ينطوي على مخاطر عالية في ظل التركيز الشديد للمؤلفات المتاحة على عرض أمثلة على وجود التكنولوجيات الرقمية في أقل البلدان نمواً، أو على الخصائص المميزة لتكنولوجيات الثورة الصناعية الرابعة

التي يُعتقد أنها تقدم دليلاً على القدرة الفائقة المتوقعة لهذه التكنولوجيات على معالجة المشاكل الانمائية المستعصية، غير أنه لا يوجد سوى القليل من الأدلة الملموسة على الكيفية التي يمكن بها تحقيق هذه التنبؤات في سياق أقل البلدان نمواً، وعلى ما يمكن استخلاصه من عِبر في هذا الصدد، لاسيما أن مجموعة المؤلفات الموجودة يغلب عليها طابع الرمزية والطموح، و لا تقدم صورة مفصلة عن القدرات التكنولوجية التي تحتاجها الشركات لإطلاق العنان للإمكانات الكامنة لتكنولوجيات الثورة الصناعية الرابعة في أقل البلدان نمواً، وفي سياق الأهداف الرئيسية المتمثلة في تعزيز الأنشطة الإنتاجية التنافسية والتحول الاقتصادي الهيكلي في أقل البلدان نمواً، تشير النظرية الاقتصادية والأدلة التي تُفرزها بحوث الأونكتاد إلى أن تدابير السياسة العامة ستحتاج إلى النزول من المستوى الكلي إلى المستويْين المتوسط والجزئي من أجل التصدي لتحديات العصر الرقمي، لاسيما أن القدرات التكنولوجية منوطة بالجهات الفاعلة الاقتصادية على مستوى الشركة، أو بوحدات إنتاجية أخرى، مثل المزارع، ومن ثم، ففي حين أن الدور البالغ الأهمية الذي تؤديه تكنولوجيا المعلومات والاتصالات بوصفها مدخلاً إلزامياً للاقتصاد الرقمي أمرٌ مسلم به، فإن الوصول إلى تكنولوجيا المعلومات والاتصالات وغيرها من الهياكل الأساسية الاقتصادية يجب أن يُستكمل باستثمارات في القدرات التكنولوجية للوفاء بالوعد بتعزيز الإنتاجية، نظراً لأن تكنولوجيات الثورة الصناعية الرابعة تشتمل على قدرات تكنولوجية معقدة، والقدرات التكنولوجية هي عناصر أساسية في القدرات الإنتاجية، وتتسم بأهمية بالغة لزيادة الإنتاجية والقدرة التنافسية

والربحية، ذلك أن هذه القدرات تحوّل إلى أصول أو موارد، من قبيل تكنولوجيا المعلومات والاتصالات، إلى نواتج ملموسة أو مادية أو غير مادية ذات قيمة أكبر.

- وتواجه أقل البلدان نمواً خطر التخلف عن الركب مع اتساع الفجوة التكنولوجية بين هذه الفئة من البلدان والبلدان الأكثر تقدماً من الناحية التكنولوجية، وقد أصبحت السياسة الصناعية أكثر أهمية من ذي قبل لضمان عدم زيادة تهميش أقل البلدان نمواً، وغدت هذه الحاجة واضحة مع ظهور الاقتصاد الرقمي، وازدادت أهمية في أعقاب جائحة كوفيد- 19، وفي هذا السياق، يتعين على واضعي السياسات أن يعيدوا التركيز على دور السياسة الصناعية وتفاعلها وترابطها مع مجموعة من السياسات القطاعية الأخرى، بما في ذلك الأبعاد الجنسانية للفجوة الرقمية، والطابع المتغير للإنتاج والتشابك القطاعي للاقتصاد، فعلى سبيل المثال، تشير الأدلة المتاحة على الصعيد العالمي إلى تزايد إضفاء الطابع الخدماتي على الصناعة والطابع الصناعي على الزراعة، ولكي تعتمد الشركات التكنولوجيا وتستثمر في القدرات الإنتاجية، تحتاج إلى أن تكون واثقة من أن سلطات البلد قد وضعت بالفعل السياسات الصحيحة قبل أن تقوم هي باعتماد التكنولوجيا وتستثمر في قدرات تكنولوجية جديدة، وهذا يعني بالضرورة وضع حزم من السياسات المتسقة والمحددة الأهداف لدعم الاستثمارات على المستوى الوطني في القدرات المؤسسية والتنظيمية التي تتسم بأهمية بالغة لبناء القدرة على صنع السياسات الرقمية والإبقاء على سياسات متسقة.

- إن تعظيم عائد الاستثمارات في الهياكل الأساسية الاقتصادية التكميلية يعني أن حكومات أقل البلدان نمواً

ستكون مطالبة بإيلاء اهتمام أكبر بأثر تركيز السوق على توافر إمكانية الحصول على الخدمات الرقمية الحيوية بكلفة ميسورة، وقدرة الشركات في أقل البلدان نمواً على النفاذ إلى الأسواق الرقمية العالمية والوطنية والمنافسة فيها، وسيحتاج واضعو السياسات أيضاً إلى التصدي للشواغل المتعلقة بالأمن والخصوصية التي تعرب عنها الجهات الفاعلة المنتجة والمستهلكون على حد سواء، ولم يُتوصَّل بعدُ إلى توافق في الآراء على نطاق العالم بشأن تدابير السياسة العامة الملائمة لمعالجة قضايا المنافسة في الأسواق الرقمية، وعلى الرغم من ذلك، فإن إنفاذ هذه التدابير ينبغي أن يراعي السياق ويكون أكثر جرأة وسرعة، نظراً لأن الأسواق التي يسود فيها منطق "الفائز بالمنافسة يظفر بكل شيء" تميل إلى إفراز كيانات شبه احتكارية.

- وتواجه الشركات عادة حواجز داخلية وخارجية تكبّل الارتقاء التكنولوجي وتثبط عن اعتماد نماذج تجارية جديدة، والعائق الأول أمام أقل البلدان نمواً يتمثّل في أن عملية إطلاق العنان لإمكانات تكنولوجيا المعلومات والاتصالات وتكنولوجيات الثورة الصناعية الرابعة هي عملية انتقال تدريجية تنطوي على تكاليف من جانب الشركات، ويعتمد التحول الرقمي والطفرة الرقمية بشكل غير متناسب على عنصر المعرفة الضمنية للقدرة التكنولوجية، وهي معرفة يصعب مراكمتها أو نشرها، ولهذا السبب، تنطوي تكنولوجيات الثورة الصناعية الرابعة على جملة من التكاليف والمخاطر الإضافية المرتبطة بالحصول على القدرات التكنولوجية بالنسبة للشركات، ويتطلب هذا الفشل الكبير في السوق اتخاذ إجراءات على صعيد السياسة العامة لمعالجة المشكلة،

أما العائق الثاني، فيتمثل في أن الغالبية العظمى من الجهات الفاعلة المنتجة في أقل البلدان نمواً هي من المؤسسات المتناهية الصغر والصغيرة والمتوسطة التي تعاني من نقص الموارد والمواهب، وثمة عامل ثالث يسهم في تفاقم المشكل، هو أن التغيرات المستمرة في نظم الإنتاج التي يُتوقع أن تكون في صميم التحول الرقمي تؤدي إلى تأخر ظهور الآثار على الإنتاجية، وثمة عامل آخر معوِّق، هو أن التحول الرقمي على مستوى الشركات يتوقف على القدرات التكنولوجية التي تراكمت في إطار التجارب المتعاقبة السابقة للثورة الصناعية أي أنها تعتمد على مسار متواصل، وبينما يُقال إن العالم في خضم ثورة صناعية رابعة، فإن معظم أقل البلدان نمواً ما زالت تتخبط في مشاكل الثورتيْن الصناعيتيْن الأولى والثانية، مما يؤكد جسامة الصعوبات التي تعترض أقل البلدان نمواً في استيعاب التكنولوجيا، وتقع كل هذه العوامل في صميم حقيقة مسلم بها، هي أن ارتقاء الشركات بنفسها لا يندرج ضمن عملية طبيعية، وذلك على الرغم من العوائد المرتفعة المثبَتة ورغم العمل في بيئة تتسم على نحو متزايد بوجود التكنولوجيات الرقمية.

- ومن المرجح أن يكون عالم القدرات التكنولوجية التي ستحدد مستقبل الشركات الرقمي عالماً كبيراً بسبب تعدد العمليات والإجراءات وخطوط الإنتاج ونماذج الأعمال التجارية والاستراتيجيات التي يمكن للشركات أن تعتمدها للتفوق على منافسيها، ومن المرجح أيضاً أن تختلف القدرات حسب القطاع، والجزء من شبكة الإنتاج التي تنشط فيها الشركات، وطبيعة التفاعلات التي قد تكون بين هذه الشركات وسائر الشركات التي تنشط في هذه الشبكة، ومن المرجح كذلك أن تختلف القدرات التكنولوجية حسب

التوجه، مثلاً في حالة الشركات التي تتبع استراتيجية قائمة على التصدير.

- وبعيداً عن مجال الاقتصاد الكلي البحت، عادت السياسات الصناعية ـ بما في ذلك الإجراءات الموجهة نحو تعزيز النظم الأيكولوجية في مجال العلم والتكنولوجيا والابتكار ـ لتتصدر اهتمام النقاش السياسي، وقد أظهر اختبار السياسات في سياق التصدي للجائحة أنه يمكن تحقيق إنجازات هامة حتى في أقل البلدان نمواً، عندما تعالَج المشاكل المتصلة بجانب التنسيق، كما يتضح من التطور السريع لعُدد الاختبار في بلدان مثل أوغندا وبنغلاديش والسنغال، ومن المثير للاهتمام أن جائحة كوفيد ـ 19 أفضت إلى تجدد النقاش حول الدور المحوري للدولة ليس فقط باعتبارها "جهة مسؤولة عن وضع القواعد"، ولكن أيضاً باعتبارها "منسقاً" ومستثمرا"، مما يدعو إلى التركيز مجدداً على القدرات المؤسسية لتوجيه استراتيجيات التنمية وتعبئة مجموعة واسعة من أصحاب المصلحة.

- وتبرز أولويتان رئيسيتان من منظور أقل البلدان نمواً، أولاً، مع توقع زيادة العرض من العمالة في أقل البلدان نمواً بمقدار 13.2 مليون عامل سنوياً خلال العقد الجاري، ليس من المغالاة في شيء التأكيد على الصعوبات التي ستعترض هذه البلدان في إيجاد فرص العمل، وسيتطلب ذلك الأخذ بنهج متعدد الجوانب يدعم الطلب على اليد العاملة في القطاعات كثيفة العمالة ذات الإنتاجية العالية، ويعزز في الوقت نفسه إمكانية توظيف الداخلين الجدد إلى سوق العمل، ثانياً، يزداد دور التكنولوجيات في تحقيق التنمية المستدامة أهميةً في سيناريو ما بعد كوفيد ـ 19 ، حيث من المرجح أن تُعجِّل مخلفات الجائحة ببعض جوانب

العملية الجارية المتمثلة في التحول الرقمي الصناعي، ومن ثم زيادة إضفاء الطابع الخدماتي عليها، ويمكن أن يزداد وضع أقل البلدان نمواً تهميشاً في التقسيم العالمي للعمل، إذا ما زادت المسافة بينها وبين مرحلة التطور التكنولوجي واستمرت الفجوة الرقمية.

(مؤتمر الأمم المتحدة للتجارة والتنمية / الأونكتاد ـ تقرير أقل البلدان نمواً عام 2021م)

تشكو أقل البلدان نمواً من آثار جائحة مرض فيروس كورونا الاقتصادية المدمّرة (كوفيد-19). ونتيجة للانتكاسة الاقتصادية العالمية والتدابير التقييدية التي اعتمدتها أقل البلدان نمواً، فإن هذه البلدان تمر الآن بأسوأ كساد في ظرف ثلاثين عاماً. ومستويات العيش فيها المنخفضة بالفعل آخذة في الهبوط. ومعدلات الفقر المرتفعة بشكل مستمر آخذة في الارتفاع أكثر فأكثر وتسير في عكس اتجاه التحسّن البطيء الذي كانت قد حققته قبل الجائحة. والتقدم صوب تحقيق إنجازات بخصوص التغذية والصحة والتعليم آخذ في التهاوي نتيجة لوطأة الأزمة.

لقد سخّرت أقل البلدان نمواً إمكانياتها المحدودة لمواجهة الكساد ولكنها وجدت نفسها في أسوأ وضع متأثرة بالأزمة التي ليست هي مسؤولة عنها، شأن ذلك شأن وضعها فيما يتصل بتغير المناخ. وهذا إجحاف لا بد من تداركه. والمجتمع الدولي بحاجة إلى إبداء عزمه على مساعدة البلدان الأضعف لتمكينها من الأدوات اللازمة لمعالجة الأسباب الجذرية لأوجه الضعف التي عرّضتها بهذا الشكل لآثار الجائحة الاقتصادية.

لقد حان وقت العمل. وقد بدأ المجتمع الدولي النقاش والتفاوض بخصوص خطة عمل جديدة لصالح أقل البلدان نمواً للعقد الجديد. ولمعالجة "الأوضاع الاقتصادية القائمة من قبل" التي تركتها في ضعف غير متناسب أمام آثار الجائحة العالمية، تستحق أقل البلدان نمواً خطة عمل تركّز على تطوير القدرات الإنتاجية من أجل تحوّلها الهيكلي الناجح. وهذه هي الطريقة الوحيدة لضمان التنمية المستدامة ومواجهة تحديات التنمية الطويلة الأجل لأقل البلدان نمواً.

وعمل الأونكتاد التحليلي والتطبيقي يقدم مساهمة أهم في معالجة الأسباب الجذرية لضعف القدرات الإنتاجية. ولقد استنبطنا مؤشر القدرات الإنتاجية الذي هو أداة مبتكرة ليس فقط لقياس تحديد المستوى الإجمالي للقدرات الإنتاجية وإنما أيضاً لقياس وتحديد العناصر الأساسية وراء ذلك. ومؤشر القدرات الإنتاجية يوفر أداة متينة لصانعي السياسات لتحديد العقبات وقياس التقدم المحرز بشأن بناء القدرات الإنتاجية.

وتدعو الحاجة إلى قيام المجتمع الدولي بدعم أقل البلدان نمواً من خلال نظرة تتميز بالشمولية لتنميتها، بما يشمل اتخاذ تدابير دعم حاسمة وفعالة تعالج الأسباب الجذرية لضعف القدرات الإنتاجية. ووضع تطوير القدرات الإنتاجية في صلب مؤتمر الأمم المتحدة الخامس الوشيك بشأن أقل البلدان نمواً هو الطريق الصحيح لتحقيق تلك الغاية.

Mukhisa Kituyi

موخيسا كيتويي

الأمين العام لمؤتمر الأمم المتحدة للتجارة والتنمية

ثانياً: الاستثمار الكلي (صافي الاستثمار – مجمل الاستثمار)

إن الاستثمار هو ثاني أهم عوامل الحقن في تيار الناتج المحلي الإجمالي، والمستهدف الرئيس للنظام العالمي، والمتأثر السلبي الأول، من سياسات الافقار دعماً لآفاق الاقتصاد المريض، حيث من بديهيات الاقتصاد أن يتولى الاستثمار الصافي الدور المولد، ليبدأ عمل مضاعف الاستثمار، بشكل يعزز النمو الاقتصادي، فضلاً عن كونه من دعائم الاستقرار الاقتصادي، وذلك لقدرة هذا الاستثمار على استيعاب وتخفيف حدة كلاً من البطالة والتضخم على حد سواء، ويدعم النمو في آن واحد.

- الاستثمار = التخلي عن أموال يمتلكها الفرد في لحظة زمنية معينة ولفترة من الزمن، وبقصد الحصول على تدفقات مالية مستقبلية تعوضه عن القيمة الحالية للأموال المستثمرة، وكذلك عن النقص المتوقع في قيمتها الشرائية بفعل عامل التضخم، فضلاً عن عامل المخاطرة المرافق للمستقبل الذي يتم فيه تحصيل هذه التدفقات.
- الاستثمار = الجزء من الدخل غير المُستهلك (الادخار) والذي يعاد استخدامه في العمليات الانتاجية بهدف زيادة الانتاج أو المحافظة عليه، أو هو الاضافة الى الطاقة الإنتاجية، (التوازن / الادخار = الاستثمار)
- الاستثمار = الإضافة إلى الطاقة الإنتاجية أو الإضافة إلى رأس المال أو استخدام المدخرات في تكوين الطاقات الإنتاجية الجديدة اللازمة لإنتاج السلع والخدمات، فضلاً عن الحفاظ على الطاقات الإنتاجية القائمة وتوسيعها.
- الاستثمار = عملية توظيف الأموال الفائضة في أدوات استثمارية متنوعة بهدف خلق إنتاج جديد، أو توسيع الإنتاج الحالي، وزيادة تكوين رأس المال على مستوى الاقتصاد والمجتمع = زيادة فعلية في الثروة.

الاستثمار الحقيقي والاستثمار المالي

- الاستثمار الحقيقي هو التوظيف الذي يتحقق من شراء وبيع أو استخدام الأصول الإنتاجية التي تعمل على زيادة السلع والخدمات بشكل فائض مما يزيد من الناتج القومي الإجمالي.

- الاستثمار المالي لا ينتج عنه زيادة حقيقية في إنتاج السلع والخدمات وإنما يتم من خلال نقل ملكية وسائل الإنتاج والأموال المستثمرة من مستثمر لآخر، والمتمثلة بشراء تكوين رأسمالي موجود، كالأسهم والسندات وشهادات الإيداع واذونات الخزينة مما يعمل على تحقيق إيرادات ووفورات مالية، و لا يمارس تأثير على الناتج المحلي الإجمالي.

الاستثمار المولد أو المحفز والاستثمار التلقائي

- الاستثمار المولد أو المحفز يرتبط مباشرة بالدخل أو الطلب الكلي حيث يرتبط هذا النوع ارتباطا دالياً (طردياً) بالدخل فعند الزيادة في الطلب الكلي سيزداد الدخل والإنفاق مما يحفز المنشآت على توسيع طاقتها الإنتاجية لمواجهة الزيادة الحاصلة في الطلب الكلي ويكون له تأثيرا مضاعفاً على الدخل، أي سيحدث توسع تراكمي للاقتصاد وهنا يصبح الاستثمار المولد موجباً، وبالعكس في حالة انخفاض الطلب الكلي يصبح سالباً.

- الاستثمار المستقل عندما تكون الزيادة في الاستثمار مستقلة عن الدخل او الطلب الكلي حيث يرتبط بعوامل مستقلة كإدخال تقنيات جديدة، وتطوير موارد جديدة،

ونمو السكان والقوى العاملة، إضافة إلى السياسة الاستثمارية الحكومية الثابتة.

الاستثمار الصافي والاستثمار الإحلالي

- الاستثمار الصافي = الإضافات إلى رصيد رأس المال الحقيقي (إضافة للثروة).
- الاستثمار الاحلالي = ما يتم تخصيصه لمواجهة العوامل التي تؤثر على حجم الرصيد الفعلي لرأس المال والناتجة عن الهلاك أو الاندثار أو التقادم في رأس المال الحقيقي (الحفاظ على الثروة)

(الاستثمار الإجمالي = الاستثمار الصافي + الاستثمار الإحلالي)

الاستثمار العام والاستثمار الخاص

- الاستثمار العام = يتم الإنفاق من قبل الدولة بهدف تنمية البنية الاقتصادية والاجتماعية للدولة، من خلال محاولة تحقيق مستوى التوظف الكامل، وممارسة تأثير الاستقرار للمستوى العام للأسعار، فضلاً عن محاولة دعم القطاع الخاص نحو سد الفجوة في إنفاقه الاستثماري (استثمارات غير هادفة للربح)
- الاستثمار الخاص = الإنفاق من قبل الأفراد والمنشآت الخاصة بهدف الربح بشكل أساسي، وتكون معظم هذه الاستثمارات قصيرة أو متوسطة الأجل.

الاستثمار المحلي والاستثمار الأجنبي

- الاستثمار المحلي = جميع الفرص المتاحة للاستثمار في داخل السوق المحلية للبلد، وذلك بغض النظر عن طبيعتها وأدواتها الاستثمارية، حيث يتم تمويل هذه الاستثمارات من قبل المدخرات الوطنية.

- الاستثمار الأجنبي = جميع الفرص المتاحة للاستثمار في الأسواق الأجنبية بغض النظر عن طبيعتها وأدواتها الاستثمارية، خارج النظام النقدي والمالي والاقتصادي والقانوني للدولة المستثمرة، وتتم هذه الاستثمارات إما بشكل مباشر وهو استثمار حقيقي طويل الأجل في أصول إنتاجية، أو بشكل غير مباشر وهو ما يسمى بالاستثمار في الأوراق المالية كاستثمار مالي قصير الأجل.

الاستثمار الاستراتيجي والاستثمار بالبنية الاساسية

- الاستثمار الإستراتيجي = يأخذ صفتين، الأولى دفاعية لحماية المشاريع الاستثمارية التي تواجه مسيرة التطور، والثانية هجومية لما تتميز به المشاريع الاستثمارية من تقدم تكنولوجي تجعلها في المقدمة.

- استثمارات البنية الأساسية = تلك الاستثمارات في مجال المصلحة العامة كمشاريع الطرق والجسور والاتصالات وكافة المرافق العامة.

> الاستثمار الثابت والاستثمار في المخزون

- الاستثمار الثابت = تكوين رأس المال الثابت، أي كل ما يضاف إلى الأصول بهدف التوسيع أو المحافظة على الطاقة الإنتاجية.
- الاستثمار في المخزون = الإضافة في المخزون السلعي من مواد أولية أو نصف مصنعة أو نهائية الصنع لتسهيل العمليات الإنتاجية وعدم توقفها.

> ثالثاً: الكفاية الحدية لرأس المال

يُعرف مصطلح الكفاية الحدية لرأس المال، بأنه معدل العائد المتوقع من استثمارات في وقت معين، ويتم مقارنتها عادة بمعدلات الفائدة من البنوك (مسؤول قرار دراسات الجدوى الاقتصادية).

من ثم لو كانت فائدة البنوك 3%، فإن الشركات سوف تحتاج عائدا متوقعا من استثماراتها بنسبة 3% على الأقل، ولو كانت الكفاية الحدية لرأس المال أقل من فائدة البنوك، فمن الأفضل للشركات ادخار أموالها بدلا من استثمارها.

وعليه فإن استمرار ارتفاع سعر الفائدة بالبنوك، يترتب عليه عادة تراجع الاستثمار الحقيقي خارج القطاع المصرفي، ومن ثم فإن دالة الاستثمار هي عكسية سالبة في سعر الفائدة.

ومن الأهمية بمكان الإشارة إلى ما يترتب على قيام الفدرالي الأمريكي المركزي، برفع سعر الفائدة على الدولار الأمريكي (العملة الأقوى بالعالم)، حيث تأتي البنوك والمصارف المركزية خارج الاقتصاد الأمريكي، برفع سعر الفائدة المحلية استجابة لتصرف السيد المهيمن (الدولار الأمريكي)، وعليه يأخذ الاستثمار الحقيقي بالتراجع، عطفاً على الدالة العكسية للاستثمار في سعر الفائدة (المذكورة أعلاه)، بما يمثل خطوة في سبيل عدم استقرار الاقتصاد العالمي، وإن لم يكن مقصوداً، او من خلال تبرير مكافحة الضغوط التضخمية.

الشكل(1,1): منحنى بياني يوضح علاقة الاستثمار بمعدل الفائدة

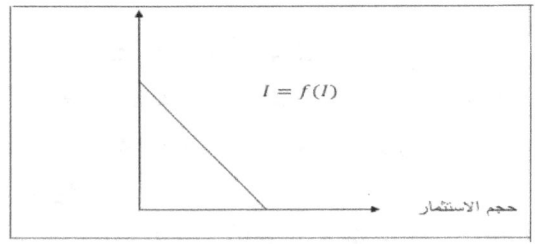

$I = f(I)$

معدل الفائدة

حجم الاستثمار

- والجدير بالذكر في هذا المقام، الإشارة إلى الصانع الرئيس للتضخم العالمي، والذي يتمثل في طباعة الدولار الأمريكي، بلا حدود ودون مقابل من انتاج السلع والخدمات، وبلا أي غطاء يحفظ قيمة العملة من الانخفاض، ليصل حجم الطباعة من بداية عام 2020م، ما يقارب 8 ترليون دولار، بحجة مواجهة جائحة كورنا، في ظل الاغلاقات وتوقف النشاط الإنتاجي.

- رفع الفائدة على الدولار الأمريكي، هو أداة السيد المهيمن، نحو تصدير التضخم للعالم، وتحميل العالم أجمع مسئولية علاج الأزمة التي صنعها الدولار الأمريكي المهيمن، لتظهر مع ذلك أزمات الغذاء وتتراجع معدلات

النمو وتُستنزف ممالك واقتصاديات الوفرة في سبيل انقاذ الاقتصاد الأمريكي.

- إن استمرار سياسات تصدير الأزمات الاقتصادية الأمريكية، للعالم، لا تعكس سوى مشاركة العالم في علاج فجوات اقتصادية، قد صنعها السيد المهيمن، وهو ما يمكن أن يسمى عسكرة القرارات الاقتصادية، حيث يتم الضغط السياسي بالتهديد الأمني وحماية المصالح الأمريكية، نحو اتخاذ قرار اقتصادي مُستهدف لاستمرار فقط الرفاهية للفرد والمجتمع الأمريكي.

كيف يتم تحديد الكفاية الحدية لرأس المال

يُفهم من المصطلح أهمية معدلات الفائدة من أجل معرفة ''الكفاية الحدية لرؤوس الأموال'' وتحديد ما إذا كان الأفضل لشركة ما الاستثمار أو الادخار.

- لو كانت الفائدة بالبنوك منخفضة، تتجه الشركات للاقتراض (لضعف التكاليف على القروض)، ومن ثم الاتجاه نحو الاستثمار بدلا من الادخار الذي سيجلب لها عائدا منخفضا.

- يعد الادخار في البنوك هو البديل للاستثمار إذا كانت الفائدة مرتفعة، وتحسب كل شركة عائدها السنوي المتوقع من أنشطتها الاستثمارية، وبناء على ذلك، تُحدد ما إذا كان الأفضل لها الاستثمار أم الادخار.

- رغم أهمية معدلات الفائدة، إلا أنه عند تبني البنوك سياسة الفائدة المنخفضة في أوقات عدم اليقين أو المخاوف في الأسواق، تكون ثقة الشركات وقطاعات الأعمال متدنية، ورغم هذه الفائدة المنخفضة، تفضل الشركات الادخار على الدفع بأموالها نحو الاستثمار نظرا لتوقعاتها بعائد مستقبلي قليل، وهنا يظهر أهمية

تحسين مناخ الاستثمار وخلق التفاؤل تجاه المستقبل الاستثماري واستقراره.

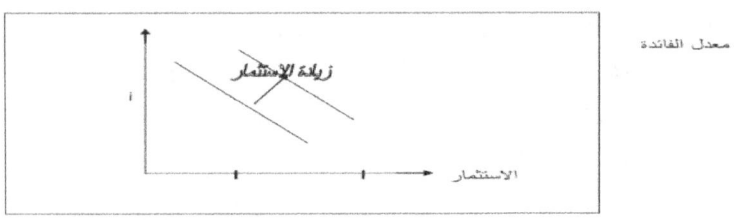

العوامل المؤثرة على "الكفاية الحدية لرأس المال"

1) تكاليف رأس المال، فلو كانت التكاليف منخفضة، عندها سيكون الاستثمار أكثر جذباً وربحاً للشركات بمعنى أن تطوير القضبان الحديدية، وعلى سبيل المثال يجعل تكلفة إنشاء خطوط السكك الحديدية أقل ويجذب الاستثمارات لها.

2) التغيرات التكنولوجية، تلقي بظلالها على قرارات الشركات إما الادخار أو الاستثمار، فلو زاد التحسن في التكنولوجيا، فإن الاستثمار سيكون أفضل.

3) التوقعات وثقة الشركات، أي أنه عند وجود تفاؤل لدى المستثمرين حيال المستقبل، فإنهم سيكونون أكثر إقبالا على الاستثمار لتوقع جني أرباح أعلى من الادخار.

4) في أوقات الركود الاقتصادي، يزداد التشاؤم، ورغم تدني معدلات الفائدة في البنوك في هذه الأحوال، تفضل الشركات الادخار وعدم المخاطرة بالاستثمار، وهناك مثال على ذلك خلال الأزمة المالية العالمية (أكتوبر 2008م)،

كانت الفائدة في أمريكا قرب الصفر، ولكن الاستثمارات كانت ضعيفة.

5) <u>مدى رغبة البنوك في الإقراض وسهولة الإجراءات</u>، وهذه الحالة تُنعش الاستثمارات، كما أن قوة الطلب على السلع والخدمات تزيد الأرباح، وهو أيضاً عامل ينعش الاستثمار.

6) <u>الضرائب</u>، عند زيادة الضرائب بالطبع يقل الإقبال على الاستثمار، وهو ما يدفع الحكومات لخفضها من أجل جذب المستثمرين.

من ثم فإن تهيئة المناخ الملائم للاستثمار، والتغيرات التكنولوجية، مع انخفاض معدلات الفائدة بالبنوك المصاحب لمعدلات الضرائب العادلة، والتراجع عن التوسع في فائض الميزانية، جميعها عوامل رئيسية تدفع الاستثمار نحو النمو، الذي يساهم كأحد عناصر الطلب الكلي في تعزيز النمو المستهدف في الناتج المحلي الإجمالي، ومن ثم إمكانية تحقيق الرفاهية للفرد والمجتمع

رابعاً: تحديد سعر الفائدة وتوازن الدخل

مفهوم سعر الفائدة

الوظيفة الاساسية للأسواق المالية هي تجميع المدخرات، وتحويلها الى الوحدات المستثمرة ويعتبر سعر الفائدة المتغير الاقتصادي الذي يربط المُقرضين بالمُقترضين، حيث إنه = السعر الذي يدفعه المُقترض لقاء استخدام الاموال المُقترضة لفترة زمنية معينة = سعر الائتمان.

ويعرف بأنه = ثمن التمويل الذي يدفعه المُقترض للحصول على الاموال المخصصة للإقراض والتي تتسم بالندرة.

1- سعر الفائدة = عائداً على الاموال المقترضة وتكلفة لها.

2-بالنسبة للبنوك سعر الفائدة يعتبر تكلفة عندما يدفع على الودائع المصرفية وايراد لها عندما تمنح هي القروض.

3- بالنسبة لفئة المدخرين يمثل سعر الفائدة تكلفة الفرصة البديلة لتأجيل الاستهلاك والاحتفاظ بثرواتها بشكل سائل.

4 – يمثل كل المدفوعات المقابلة لاستخدام النقود.

كيف يتحدد سعر الفائدة

يتحدد سعر الفائدة، شأن أسعار السلع الأخرى في أسواقها التنافسية، بقوى العرض والطلب في سوق السندات ذي المنافسة العالية، حيث العديد من المقترضين والمقروضين في السوق المالية (من خلال البورصات والوسطاء الماليين)

يجب ملاحظة أنه لا يوجد سعر فائدة واحد في السوق المالية بل يختلف ذلك باختلاف الادوات المالية نفسها حيث تختلف باختلاف الجهات المقرضة والجهات المقترضة وتختلف أيضا باختلاف الآجال الزمنية للسداد وباختلاف الضمانات المقدمة

سعر فائدة الأساس

سعر فائدة افتراضي (غير واقعي) لا يتضمن عنصر المخاطرة (خالي من المخاطر) أقرب سعر له هو سعر الفائدة السوقي على السندات الحكومية وذلك باعتبار ان الحكومة لا يمكن أن تفلس وبإمكانها سداد ديونها دوماً أما بزيادة الاصدار النقدي أو بفرض ضرائب.

ولذلك يعتبر سعر الفائدة على السندات أقل المخاطر المالية ويمثل تكلفة الفرصة البديلة للاحتفاظ بالنقود بشكل سائل.

سعر الفائدة الحقيقي

سعر الفائدة الحقيقي ={ سعر الفائدة الاسمي (السائد بالسوق) – معدل التضخم المتوقع}

وظيفة سعر الفائدة في الاقتصاد الكلي

- ضمان جذب الادخار من وحدات الفائض واستثمارها في وحدات العجز ومن ثم تحقيق النمو الاقتصادي.
- تقنين عرض الائتمان والذي يتصف بالندرة وتوجيهه الى الاستثمارات ذات العائد الاعلى.
- توازن الكمية المعروضة من النقود بالكمية المطلوبة منها من قبل الوحدات غير البنكية.
- من الادوات التي ممكن أن تستخدمها السياسة النقدية وتؤثر بها الحكومة على حجم الادخار والاستثمار.
- يؤثر على تدفق الاموال على المستوى الدولي (ارتفاعه في دولة معينة يشجع على انتقال الاموال لتلك الدولة).
- توجيه الاقتصاد الوطني وفق السياسة المرسومة له وحسب الحالة الاقتصادية السائدة.

أشهر النظريات في سعر الفائدة

1- النظرية الكلاسيكية في سعر الفائدة.
2- نظرية الارصدة المعدة للاقتراض.
3- النظرية الكنزية في سعر الفائدة.
4- النظرية الكنزية الحديثة.
5- نظرية التوقعات الرشيدة لسعر الفائدة.

النظرية الكلاسيكية لسعر الفائدة

- أول كاتب للنظرية هو الاقتصادي الشهير دافيد ريكاردو، وتم تطويرها على يد اقتصاديين آخرين مثل بيجو ومارشال.

- سعر الفائدة يتحدد بعاملين هما / عرض المدخرات (والتي مصدره القطاع العائلي بالادخار) والطلب على الاستثمارات الرأسمالية (والتي الغالب فيها قطاع الاعمال).

- ثمن التوازن يحدد بين الادخار والاستثمار.

- مصدر المدخرات = القطاع العائلي بنسبة كبيرة وهو الجزء من الدخل غير المنفق على الاستهلاك، وقطاع الاعمال يُشكل الارباح غير الموزعة، والقطاع الحكومي يُشكل الفائض في الميزانية.

- الفائدة هنا متغير حقيقي وليس نقدي، وذلك لارتباطها بدوال الادخار والاستثمار وهي متغيرات حقيقية وليست نقدية بالرغم من أن سعر الفائدة هو متغير نقدي.

- الفائدة هي مكافأة الامتناع عن الاستهلاك الخاص (مكافأة الادخار).

- تفترض النظرية أن الفرد يُفضل الاستهلاك الحالي على الادخار المستقبلي، لذلك يمكن اقناعه بالادخار مقابل دفع مبالغ (سعر الفائدة) على الادخار.

- تُعرف النظرية الادخار بأنه الفرق بين الدخل الحالي والانفاق الاستهلاكي الحالي $(Y - C)$، ويوجد علاقة طردية موجبة بين حجم الادخار والدخل.

- سعر الفائدة عنصر من عناصر التكلفة للاستثمار، والمهم هنا هو الاستثمار الصافي (الاستثمار الإجمالي – الاستثمار الاحلالي)، والذي يجب أن يتسم نوعاً ما بالاستقرار.

- يتحدد سعر الفائدة التوازني بتقاطع منحنى <u>عرض المدخرات</u> بمنحنى <u>طلب الاستثمارات</u>، وعند هذا السعر تتساوى الكمية المعروضة من المدخرات مع الكمية المطلوبة من الاستثمارات.

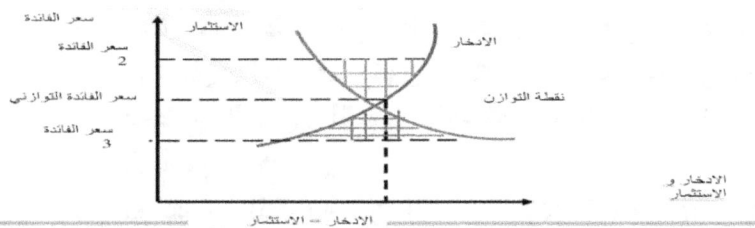

ملاحظات على الرسم :

1- العلاقة بين سعر الفائدة والادخار = علاقة طردية.

2- العلاقة بين سعر الفائدة والاستثمار = علاقة عكسية.

3- عند سعر الفائدة التوازني يتساوى الادخار كعرض بالاستثمار كطلب.

4ـ إذا كان سعر الفائدة أكبر من سعر الفائدة التوازني = سعر الفائدة 2، يكون هناك فائض عرض المدخرات، ممثل بالمثلث الاحمر وفي ظل مرونة سعر الفائدة وانخفاض الطلب على الاستثمار ينخفض سعر الفائدة حتى يعود لوضع التوازن.

5ـ إذا كان سعر الفائدة أقل من السعر التوازني = سعر الفائدة 3، يكون هناك فائض في الطلب على الاستثمار، ومن ثم يرتفع سعر الفائدة في ظل مرونته حتى يعود لوضع التوازن.

الانتقادات الموجه للنظرية الكلاسيكية

- أهملت النظرية عوامل أخرى مؤثرة / مثل تأثير عرض النقود على سعر الفائدة أو على تكلفة الائتمان.

- اعتبرت النظرية ان سعر الفائدة هو العامل الاساسي في تحديد الادخار، ولكن الدراسات أثبتت أن الدخل هو العامل الاساسي هنا.

- اعتبرت النظرية أن الطلب على القروض مصدره قطاع الاعمال ولكن قد يكون هناك طلب للاستثمار مصدره القطاع العائلي لتمويل الاستهلاك الخاص، أو تمويل الانفاق الحكومي.

- لم تفرق النظرية بين الادخار (SAVING)، والاكتناز (HORDING)، الذي لا يُكسب صاحبه فائدة.

- قد لا يكون الادخار مصدره الامتناع عن الاستهلاك بل ربما حصل عليها من الوراثة مثلاً، وبهذه الحالة لا ينطبق عليها التحليل السابق.

- في ظل هذه النظرية افترضوا حيادية النقود، وأن النقود هي فقط وسيط للتبادل وليست مستودع للثروة (مخزن للقيمة).

1- نظرية الارصدة المعدة للاقتراض

- تُنسب النظرية للاقتصادي **ويكسل**.
- تعرف احيانا باسم النظرية الكلاسيكية الحديثة، أي مجرد تحسين للنظرية الكلاسيكية.
- جمعت ما بين المتغيرات الاقتصادية وبين المتغيرات المالية في تفسير العوامل التي تؤثر في سعر الفائدة.
- عرفت سعر الفائدة بأنه سعر التوازن بين عرض الارصدة النقدية المعدة للإقراض وبين الطلب عليها.
- **سعر الفائدة التوازني** قد يكون جزئياً في الاجل القصير، بسبب انفتاح الاقتصاد واختلاف تدفق روس الاموال الاجنبية لارتفاع سعر الفائدة المحلي عن أسعار الفائدة العالمية، ولكنه قد يكون مستقراً في الاجل الطويل إذا رافقه توازن في الاقتصاد، وفي سوق النقد، وفي سوق الاموال المخصصة للإقراض، وفي سوق العملات الاجنبية.
- **يتحدد الطلب على الائتمان** / بطلب قطاع الاعمال، وطلب المستهلكين، وطلب القطاع الحكومي، وطلب القطاع الخارجي للائتمان.
- **ويتحدد عرض الائتمان** / بالادخار المحلي والتخفيض في عرض النقود (السيولة النقدية) وخلق الائتمان من قبل القطاع المصرفي والقروض الاجنبية.
- التغيرات التي تحدث في سعر الفائدة تحدث للتغيرات التي تطرأ على الطلب لتلك الارصدة أو عرضها.
- يتحدد التوازن بتساوي الطرفين وتكون في الوقت نفسه قد جمعت بين المتغيرات الحقيقية (الادخار والاستثمار)

وبين المتغيرات النقدية (كمية النقود المعروضة وصافي الاكتناز).

- **عرفت الارصدة المعدة للإقراض أنها / مجموع النقود المعروضة والمطلوبة في السوق في أي وقت.**
- **فسرت عرض الارصدة بانه / مدخرات الافراد + النقود الجديدة المضافة لعرض النقود الحالي. (M+S)**
- **<u>فسرت طلب الارصدة (الطلب على الائتمان) بأنه</u> :الطلب على الاستثمار + الاكتناز (I+H)**
- **بحيث أن:**

↑ رغبة الافراد بالاكتناز ← طلب الارصدة المعدة للاقتراض ↓.

↓ رغبة الافراد بالاكتناز ← طلب الارصدة المعدة للاقتراض ↑.

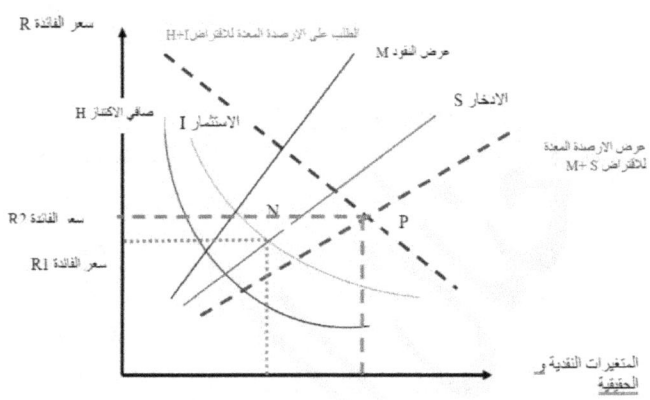

سعر الفائدة في النظرية الكلاسيكية. r = F (I ,S) **سعر الفائدة في نظرية الارصدة المعدة للاقتراض. r= f (I, H, S, M)**

الانتقادات التي وجهت للنظرية من الاقتصادي هانسن

1. سعر الفائدة غير محدد بطريقة واضحة في هذه النظرية.
2. عرض الارصدة المعدة للاقتراض قد يتغير لكنه ثابت بين السلطات النقدية لأنه يمثل عرض النقود.
3. الجمع بين الوحدات النقدية والوحدات الحقيقية غير ممكن في الواقع.

مقارنة ما بين النظريتين

النظرية الكلاسيكية	نظرية الارصدة المعدة للاقتراض
1. تحدثت عن الجانب النقدي. 2. نظرة محايدة للنقود وليس لها أي دور في تحديد سعر الفائدة 3. أهملت جانب الائتمان المصرفي. 4. تجاهلت الاكتناز.	1. جمعت الجانب النقدي والحقيقي لذلك هي أكثر واقعية. 2. لا تعتبر النقود محايدة بل لها دور رئيس في تحديد سعر الفائدة. 3. أخذت في الاعتبار جانب الائتمان المصرفي وأثره على سعر الفائدة. 4. اهتمت بعامل الاكتناز ودوره كأحد مكونات الطلب على الارصدة.

| 1- النظرية الكنزية في تحديد سعر الفائدة |

- سمى أحياناً بنظرية تفضيل السيولة.
- طورت من قبل الاقتصادي جون ماينارد كينز.
- اعتبرت أن سعر الفائدة هو ظاهرة نقدية بحتة.
- فسرت عبارة تفضيل السيولة الرغبة في اقتناء الثروة المالية في شكل أصول قصيرة الاجل مرتفعة السيولة بدل من اصول طويلة الاجل غير سائلة خوفا من انخفاض قيمتها مع الزمن.
- عرفت الفائدة بانها الثمن الذي يدفع لاستخدام النقود سائلة.
- نظرت النظرية للنقود على أساس أنها مخزن للثروة وليست فقط وسيط للتبادل ولذلك هي الصلة بين الحاضر والمستقبل.
- عدم التأكد والتوقعات لها دور كبير في تحديد سعر الفائدة ومن ثم التأثير في مستويات الدخل وغيرها من المتغيرات الاقتصادية.
- النقود تتصف بالندرة ولأنها تطلب من قبل الافراد ورجال الاعمال فلابد من دفع سعر الفائدة لحاملي النقود لتحفيزهم على التخلي عنها وشراء أصول اخرى أقل سيولة وأكثر مخاطرة.
- تفترض النظرية وجود نوعين من الاصول المالية يتم التعامل بها في الاسواق المالية وهي النقود والسندات الحكومية طويلة الاجل.
- يدفع مقابل السندات الحكومية فائدة ثابتة وتتعرض قيمتها للتقلب إذا تغيرت أسعار الفائدة السوقية.

- تطلب النقود للدوافع الثلاث دافع المعاملات ودافع الحيطة والحذر ودافع المضاربة.
- يتحدد سعر الفائدة بتقاطع منحنى عرض النقود مع الطلب على النقود.
- الطلب على النقود دالة متزايدة في الدخل ومتناقصة في سعر الفائدة.
- عرض النقود متغير بيد السلطات النقدية ولا يتأثر بسعر الفائدة السوقي وهو غير مرن لسعر الفائدة.
- تفسر النظرية سلوك المضاربين وتأثيرهم على أسعار الفائدة ودور السلطات النقدية في التأثير على سعر الفائدة وفي النشاط الاقتصادي.

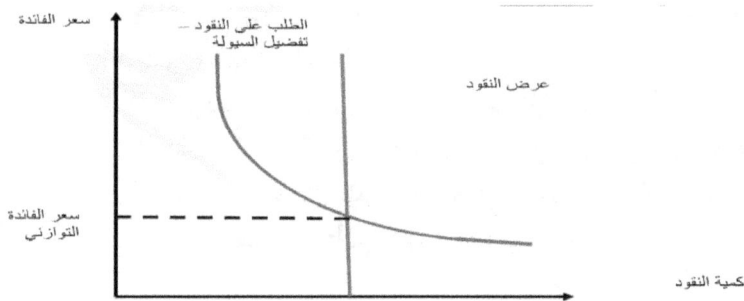

أهم الانتقادات الموجهة للنظرية الكنزية

1. ان تحديد سعر الفائدة بظل نظرية تفضيل السيولة هو تفسير قصيرا اجل ويكون صحيحا إذا كان الدخل ثابتا ومستقر وهذا لا يكون صحيحا في الاجل الطويل والذي يعتبر أكثر أهمية لأغراض استثمار رأس المال.

2. لا يمكن الوصول لسعر فائدة توازني مستقر بدون أن يكون هناك توازن في المتغيرات الاقتصادية الحقيقية مثل الادخار والاستثمار.

3. في ظل النظرية يعتبر سعر الفائدة من معوقات التشغيل الكامل لذلك يقترح كينز تخفيضه الى الصفر.

4. اهتمت بتأثير الطلب على النقود وعرض المخزون النقدي على سعر الفائدة ولكنها أهملت تأثير طلب قطاع الاعمال والمستهلكين والقطاع الحكومي على التمويل وتكلفته (والتي يمثلها هما سعر الفائدة).

5. الرغبة بالسيولة (تفضيل السيولة) لا ينشأ فقط من الدوافع الثلاث التي أشار اليها كينز حيث يرى بعض الاقتصاديين أن هناك مجموعة أخرى من العوامل التي لم يشر اليها كينز.

6. اعتبرت أن سعر الفائدة مستقل عن الطلب على ارصدة الاستثمار وهذا أمر غير واقعي لئن سعر الفائدة لا يمكن تحديده بمعزل عن الكفاية الحدية لرأس المال أو طلب الارصدة للاستثمار.

مقارنة بين النظرية الكلاسيكية والنظرية الكنزية

النظرية الكنزية	النظرية الكلاسيكية
1- تنظر له كونه الثمن الذي يدفع مقابل عدم الاكتناز (التنازل عن السيولة).	1- تنظر النظرية هنا لسعر الفائدة كثمن لعد الانفاق (الادخار)
2- ترى النظرية امكانية الاحتفاظ بالنقود للاكتناز فقط	2- تطلب النقود هنا لأساسا لأغراض الاستثمار
3- أخذت بالاعتبار جانب عرض النقود ودوره في تحديد سعر الفائدة.	3- أهملت عرض النقود ودوره في تحديد سعر الفائدة.
4- وضحت النظرية كيف يصبح الادخار دالة في سعر الفائدة	4- أهملت النظرية العلاقة بين الادخار وسعر الفائدة.
5- ترى ان مستوى الدخل غير ثابت والتوظف الكامل هو حالة غير مستقرة.	5- افترضت النظرية ثبات الدخل عند مستوى التوظف الكامل.
6- تركز على التوازن في سوق النقود.	6- تركز على التوازن في القطاع الحقيقي.

1- نظرية سعر الفائدة الحديثة

- جمعت ما بين نظرية الارصدة النقدية وبين التفضيل النقدي (أي جمعت ما بين العوامل النقدية والعوامل الحقيقية).
- تسمى أحيانا بالنظرية الكينزية الحديثة.
- محددات سعر الفائدة في هذه النظرية هي دالة الإدخار ودالة الطلب على الاستثمار ودالة الطلب على النقود ودالة كمية عرض النقود.

- يتحدد سعر الفائدة التوازني عندما يحدث التوازن في القطاع الحقيقي (السلعي) والقطاع النقدي.

- يتحقق التوازن عندما تساوي الارصدة النقدية التي يحتفظ بها الافراد كنقود سائلة مع كمية النقود المعروضة وأيضا عندما الادخار = الاستثمار.

- منحنى SI يمثل توازن القطاع الحقيقي في الاقتصاد وذلك عندما تتساوى الاضافات مع المسحوبات في الاقتصاد (الادخار = الاستثمار).

- يمكن تعريفه بأنه توليفات بين الدخل وسعر الفائدة ويتم تحريكه باستخدام السياسات المالية.

- يمثله منحنى ذو ميل سالب للدلالة على العلاقة العكسية بين الدخل وسعر الفائدة وأي نقطة عليه تحقق شرط التوازن في السوق الحقيقي (السلعي) الادخار = الاستثمار.

- منحنى L M يمثل توازن القطاع النقدي وعنده يتساوى الطلب على النقود مع عرضها.

- يمثله منحنى ذو ميل موجب للدلالة على العلاقة الطردية بين سعر الفائدة والدخل.

- أي نقطة عليه تحقق التوازن في السوق النقدي ويتم تحريكه باستخدام السياسات النقدية.

- يتشابه مع منحنى التفضيل النقدي في وجود 3 مناطق فيه (المنطقة الكلاسيكية – والمنطقة العادية – والمنطقة الكينزية)

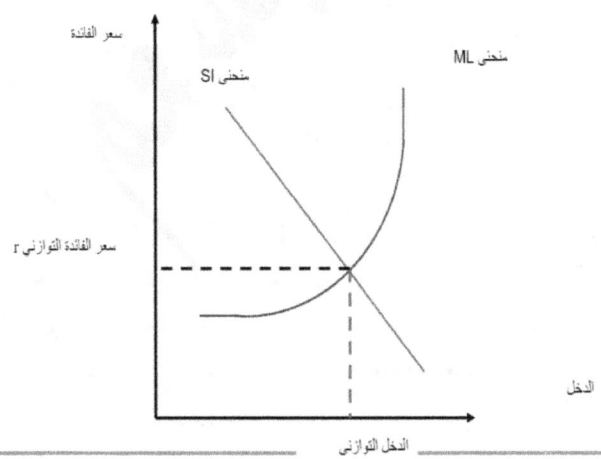

1- نظرية التوقعات الرشيدة لسعر الفائدة

- طورت نظرية الاموال المخصصة للإقراض بحيث يضم منحنى طلب وعرض الاموال المخصصة للإقراض ليس فقط الفعلي ولكن المتوقع أيضا.

- تفترض النظرية أن توقعات الافراد توقعات عقلانية لأنها تستند على معلومات وافية عن الاوضاع الاقتصادية والاسواق المالية.

- تفترض أيضا أن رجال الاعمال قادرين على التوصل لتنبؤات صحيحة بالنسبة لسعر الفائدة في المستقبل وكذلك تشخيص وتصحيح الاخطاء السابقة التي قد تحصل لأسباب عشوائية.

- تقوم على اساس كفاءة الاسواق المالية والنقدية في فهم واستيعاب المعلومات الجديدة والتي قد تؤثر في سعر الفائدة.

- تفترض النظرية مرونة سعر الفائدة للتغيرات ولا يمكن لسعر الفائدة أن يبتعد كثيرا عن سعر الفائدة التوازني نظرا لئن المتعاملين في الاسواق المالية سوف يصححون توقعاتهم ومن ثم يعود سعر الفائدة لوضع التوازن

- التنبؤ بسعر الفائدة في هذه النظرية يتطلب معرفة مجموعة من التوقعات الحالية وأي معلومات أخرى جديدة قد تؤثر في أسعار الفائدة أو أسعار الاوراق المالية.

- المعلومات الماضية ليس لها دور في هذه النظرية ويتركز سعر الفائدة هنا على التوقعات المستقبلية.

الانتقادات التي وجهت لهذه النظرية:

1. لم توضح النظرية كيف سيتوصل الافراد الى توقعاتهم للمستقبل وبالتالي فان النظرية غير قابلة للاختبار الاحصائي.

2. تفترض النظرية توفر المعلومات لكل المتعاملين في الاسواق المالية بتكلفة منخفضة وهذا غير صحيح واقعيا.

3. تفترض النظرية بعد النظر والعقلانية لدى الافراد وهذا أيضا موضوع يصعب التأكد من صحته احصائيا.

4. قد تنطبق هذه النظرية في سوق السندات الحكومية لكن تقريبا تطبيقها على الاسواق المالية الاخرى يكاد يكون مستحيلا.

السياسات النقدية في ظل نظريات الطلب على النقود المشهورة

أولا ـ السياسة النقدية والتحليل الكلاسيكي

تبعاً للنظرية الكمية الكلاسيكية فهي تركز الاهتمام بالسياسة النقدية من خلال تأثيرها وقدرتها على التحكم في كمية النقود المعروضة (كمتغير مستقل) وبالتالي يمكن التأثير في المستوى العام للأسعار كمتغير تابع وتنحصر مسئولية السلطات النقدية هنا في التأثير على كمية النقود المعروضة هذا بالإضافة الى أن النقود هنا ليست سوى وسيط للتبادل.

ثانيا ـ السياسة النقدية في النظرية الكنزية

- أهتم كينز بالسياسات النقدية أكثر من السياسات المالية وأكد فعاليتها في كونها مساعدة للسياسات المالية.
- أدخل كينز التغيرات في سعر الفائدة في حسابه وتأثير ذلك على الطلب الكلي واستقرار الاسعار.
- اهتم كينز بالوظائف الاخرى للنقود وحدد دافع المضاربة وقرر ما يلي:

1) زيادة عرض النقود تؤدي الى انخفاض سعر الفائدة ومن ثم زيادة الاستثمار والتي سوف تدفع الطلب الكلي للزيادة بالشكل الذي يضمن علاج حالات الركود الاقتصادي.

2) ويتم اللجوء الى تقييد عرض النقود لأحداث التأثير العكسي في حالات التضخم.

ثالثا ــ السياسة النقدية في إطار نظرية كمية النقود

- تفيد هذه النظرية أن تغير مية النقود بنسبة ما يؤدي الى تغير الاسعار بنفس النسبة.
- وأن كمية النقود * سرعة دورانها = قيمة الناتج القومي النقدي.
- وبالتالي فان التغير في المستوى العام للأسعار يمكن علاجه عن طريق التحكم في عرض النقود.

ومن ثم يقوم سعر الفائدة وكيفية تحديده، بدور محوري في سوق النقود، وما يترتب عليه من آثار على صعيد الاقتصاد الحقيقي لسوق السلع والخدمات، ومن ثم فإن الممارسة الدقيقة، هي محور التأثير وتطلعاته.

من المتوقع مع تراجع الاستثمار الصافي الحقيقي، نتيجة سياسات اليسار الأمريكي، أن يكون تراجع منحنيات العرض الكلي للسلع والخدمات، هو الغاية الكبرى، وعليه فإن التخفيض المتدرج في معدلات النمو الحقيقية، يأتي على حساب الاستثمار المستهدف المولد، ليكون قرار الكفاية الحدية لرأسمال في صالح العائد من وراء الإيداع بالقطاع المصرفي، لتحصيل الفوائد المرتفعة، ومن ثم فإن النظام النقدي العالمي الحالي، يقف على عتبة من حتمية التغيير نحو نظام جديد يدعم الاقتصاد الحقيقي، ويكون فيه الاقتصاد النقدي، ليس إلا مرآة نمو الاقتصاد الحقيقي، و الداعم لتحقيق القفزات النوعية المطلوبة.

سعر الفائدة على الدولار الأمريكي، هو سلاح اقتصادي نقدي، لعلاج أزمات الولايات المتحدة المتعمدة، من خلال استغلال العالم كله، لبذل المزيد للمساهمة في الحفاظ على هيمنة الدولار الأمريكي وتسلط النظام الأمريكي على خرائط الدول، تحكماً في سلاسل الإمداد والتجارة العالمية، وفرضاً للتبعية، ومن ثم تفعيل سياسات عسكرة القرارات الاقتصادية في هذا المقام، مما يستدعى دائماً متى يتوقف الشيطان الأكبر عن الخداع والتحكم والسيطرة.

ثالثاً: صافي الميزانية الحكومية (الموانة العامة للدولة ـ سياسة الميزانية)

تأتي السياسة المالية في هذا المقام، بوصفها أدوات الحكومة الرشيدة، في مواجهة تداعيات الأوبئة، وذلك وفق الحيز المتاح من السيولة والاقتراض، بهدف دعم الأسرة والأنشطة الإنتاجية، خلال فترات التوقف والاغلاق، للتعويل أولاً على صحة الإنسان، وحماية قدرته الإنتاجية، في سبيل الاستمرار في تحقيق القيمة المضافة، بعد احتواء الجائحة.

ومن ثم فإن طول فترة المعاناة، والاغلاقات، وضعف الإنتاجية، لاسيما في ظل الكوارث الطبيعية والتغيرات المناخية، المصاحبة للتداعيات السلبية للجائحة وانتشار الأوبئة، يترتب عليها الضغط الشديد على الدول صاحبة الوفرة، وفق سياسات مالية ذات بعد اجتماعي واقتصادي، وعليه تكون الدول الأقل نمواً منخفضة الدخل، الأكثر تأثراً خلال الأزمات، والأكثر انهياراً فيما بعد احتواء الكوارث والأوبئة.

ومن الأهمية بمكان، التأكيد بأن استهداف اليسار الأمريكي والنظام العالمي، لحكومات العالم، بالأوبئة والكوارث المصطنعة، يأخذ محورين، الأول اضعاف القوي، والثاني استغلال الضعيف،

لتحقيق الغاية الكبرى للمؤامرة، وهي التبعية والسيادة للنظام العالمي واليسار الأمريكي الحاكم.
وعلى سبيل المثال/ قامت الولايات المتحدة الأمريكي بطباعة الدولار الأمريكي بما قيمته 7.5 ترليون دولار، لتوفير سيولة حيز السياسة المالية المطلوب، لمواجهة تداعيات توقف الأنشطة الإنتاجية خلال انتشار جائحة كورونا، وبعد انحصار الجائحة، يتجه الفيدرالي الأمريكي الآن إلى تحصيل تلك النقود من العالم كله، من خلال أثر السياسات النقدية ورفع أسعار الفائدة على الدولار الأمريكي (عملة الاحتياطي للعالم).
تعد السياسات الماليّة، جزءًا لا يتجزأ من الاقتصاد، حيث تقوم الحكومة بالتدخل باقتصاد الدولة عن طريق سياساتها الماليّة لتحقيق غايات معينة، وتتمثل أهم هذه الغايات في محاولة أكبر قدر ممكن من التشغيل الكامل، إضافةً إلى محاولتها تحقيق الاستقرار في النمو الاقتصادي، جنبًا إلى جنب مع الاستقرار في الأسعار، ويكتسب الاقتصاد قيمةً إضافيّةً وذلك بسبب دور السياسة الماليّة في تحقيق وتعبئة الموارد الماليّة للتمكن من تمويل المشاريع التي يعد القسم الأكبر منها مشاريع تنمويّة تهدف لتحسين مستوى البنية التحتيّة، كما يتم التأثير على الاقتصاد من خلال السياسة المالية بعدد من الأدوات.

أدوات السياسة المالية Fiscal policy tools

أولًا: الميزانية Budget

- الميزانية السنوية المتوازنة

ويهدف هذا النوع من الموازنات إلى تحقيق التوازن بين الإيرادات التي تحصلها الحكومة مع النفقات التي تقوم بدفعها، ولكنّ هنالك

بعضًا من المشكلات التي تترتب عند اختيار مثل هذا النوع من الميزانيّات بسبب عدم وجود فائض نقديّ للإنفاق على المشاريع الاستثماريّة وتطوير البلد فلا يخلق حالة من الازدهار ولا يحقق نموًّا اقتصاديًّا (نظرة كلاسيكية)

- الميزانية المتوازنة دورياً

وتهدف إلى خلق فائض في الإيرادات يتجاوز الإنفاق العام في أوقات الازدهار، بحيث يتم توظيف هذا الفائض في تقليص الدين العام للدولة عن طريق سداده، كما يتم توظيفه أيضاً في حالات الركود الاقتصاديّ عندما تكون الميزانية عاجزةً بحيث تتجاوز نفقاتها الإيرادات التي تحصل عليها فيتم تحقيق التوازن وسداد هذا العجز من فوائض الميزانيّات السابقة (نظرة نيو كلاسيك)

- الميزانية التعويضية المدارة بالكامل

وتهدف هذه الميزانيّة إلى تحقيق العمالة الكاملة في الاقتصاد دون أن يؤدّي ذلك إلى زيادة التضخم للمحافظة على استقرار الأسعار، ويتم ذلك من خلال تعديل الضرائب والإنفاق العام بشكل يتوافق مع هذه الأهداف (نظرة كينزية).

ثانيًا: الضرائب Taxes

وهي من أهم الأدوات التي تؤثر بشكل واضح في توزيعات الدخل والثروة، إضافةً إلى محاولة التأثير على الاستثمار والاستهلاك بشكل رئيس لتحقيق الأهداف الرئيسة للسياسة الماليّة العامّة كتحقيق الاستقرار في الاقتصاد، وتختلف السياسة المتبعة

للضريبة في حالة الركود عن السياسة المتبعة في حالة التضخم، وفيما يأتي توضيح لكلا الحالتين.

- السياسة المتبعة للضريبة في حالة التضخم

تقوم الحكومة على زيادة معدلات الضريبة وذلك لكبح جموح الطلب الهائل على السلع والخدمات، الذي لم يعد بمقدور المنتجين موازنته مع المعروض السلعيّ، والذي يؤدي إلى زيادة الاستهلاك، فتقوم الحكومة بفرض المزيد من الضرائب على السلع والخدمات وذلك بهدف رفع أسعار السلع والخدمات لقطع شهية المستهلكين عن الشراء، وتشجيع المنتجين على زيادة الإنتاج بسبب زيادة السعر لتحقيق حالة من التوازن بين العرض والطلب.

- السياسة المتبعة للضريبة في حالة الركود

تقوم الحكومة بتخفيض معدلات الضريبة في حالة الركود وذلك لمحاولة تشجيع المستهلكين على زيادة الشراء والإنفاق لتحسين مستويات الطلب وتقليص الفجوة بينه وبين العرض، ومحاولة تشجيع الاستثمار بهدف توظيف أكبر عدد من العمالة لتحقيق العمالة الكاملة، ولكنَّ هنالك بعض الملاحظات على التخفيضات في معدلات الضريبة عندما تكون مستويات البطالة منخفضة، فإنَّ خلق حالة من التخفيضات الضريبية لا تؤدي إلى زيادة التوظيف بل يقوم كل من المستهلكون والمستثمرون على تأجيل استهلاكهم واستثماراتهم بغية الحصول على استفادة أكبر بسبب توقعهم أن يكون هنالك تخفيضات ضريبيّة قادمة فيما بعد.

ثالثًا: الإنفاق العام Public spending

تختلف سياسة الإنفاق في حالات التضخم عن حالات الركود فتقوم الحكومة بتقليل الإنفاق في حالات التضخم لتقليل المعروض النقديّ الذي أحدث ارتفاعًا في الطلب بشكل مضر بالاقتصاد، وتعمل أيضاً على زيادة الإنفاق في حالات الركود لعكس السبب الأول، وفيما يأتي أهم أنواع الانفاق الحكومي.

- النفقات الاستثمارية

وتسمى بالنفقات الرأسماليّة وهي جميع النفقات التي تدفعها الحكومة على مشاريع تهدف إلى تنمية الاقتصاد، فيقوم هذا الاقتصاد بخلق مشاريع لها قيمة مضافة على المخزون الرأسماليّ للدولة، ناهيك عن تأثيره على الاستثمار بشكل إيجابيّ فهي تحفز الاستثمار في الدولة الأمر الذي يؤدي إلى زيادة الإنتاجيّة بفعل هذا الاستثمار.

النفقات الاستهلاكية

وهي جميع النفقات التي تنفقها الحكومة على شراء السلع والخدمات من داخل الدولة نفسها، وذلك بهدف استهلاكها من قِبل الحكومة كالمعدات الاستهلاكيّة، وكذلك المستخدمة في صيانة المرافق الحكوميّة أو أيّ سلعة يتم استهلاكها من قِبل هذا القطاع.

- مدفوعات التحويل

وتشمل النفقات التي تتم على برامج الضمان الاجتماعيّ وبرامج التقاعد والشيخوخة وصناديق البطالة وبدلات التعطل والتأمين الصحيّ، وتهدف هذه المدفوعات إلى خلق حد أدنى للدخول لهؤلاء الطبقات، فهي تقوم على إعادة توزيع الدخل في المجتمع وذلك من

خلال الحصول على إيرادات ضريبيّة من الطبقات الغنية وإنفاقها على شكل مدفوعات التحويل بهدف تقليص الفرق الماديّ بين هذه الطبقات.

رابعًا: الأشغال العامة Public Works

وتقوم فكرة الأشغال العامة على إنشاء المشاريع التنمويّة، مثل مشاريع البنى التحتيّة

- إنشاء المطارات.
- الطرق.
- الموانئ.
- السكك الحديديّة.
- المرافق العامة.

وتوظيف العاطلين عن العمل في مثل هذه المشاريع، وبالتالي تكون الحكومة قد عملت على تقليل معدلات البطالة إلى أدنى مستوى ممكن، بنفس الوقت التي تهدف به إلى إنتاج مشاريع استثماريّة وتنمويّة معمّرة تفيد وتضيف قيمة لاقتصاد البلد، كما أنَّ لها أهميةً كبيرةً في زيادة القوة الشرائيّة للأفراد وذلك بسبب الدخول والعوائد التي تتحقق لهم من هذه المشاريع، كما أنَّها تحفز القطاع الخاص على الاستثمار.

خامسًا: الدين العام Public Debt

ويتم استخدام الدين العام كأداة تحافظ على تحقيق الاستقرار في الاقتصاد في الدولة، ويتم الحصول على هذا الدين من:

الاقتراض من القطاع غير المصرفي

تقوم الحكومة بطرح سندات على الجمهور العام في الدولة، وعند شراء هذه السندات من قبل الأفراد فإنَّ الحكومة تحصل على الأموال ولكن هنالك بعض المآخذ على الاقتراض من هذه الفئة، ففيه تكون الحكومة قد أضافت قيمة للاقتصاد وحصلت على هدفها التي تنشد إليه في حال كانت الأموال التي تمَّ شراء السندات من خلالها مكتنزةً لدى الأفراد ولا يقومون بتوظيفها، وعلى العكس يمكن أن يؤدي ذلك إلى نتيجة مخالفة إذا كانت معدلات أسعار الفائدة على السندات جاذبةً للمستهلكين أو المستثمرين، فقد يقومون بإلغاء استثماراتهم التي ينوون القيام بها بهذه الأموال أو تأخير استهلاكهم بسبب العوائد التي تحققها لهم هذه السندات، وبشكل عام يكون الاقتراض أكثر فائدةً إن تم في حالات التضخم لتخفيف المعروض النقديّ أكثر منه من حالات الركود التي تقلل من المعروض النقديّ وتخرج بأثر عكسيّة للأهداف المراد تحقيقها.

الاقتراض من القطاع المصرفي

تقوم الحكومة بالحصول على القروض من القطاع المصرفيّ بمختلف الطرق كسندات أو قروض، وتتمثل الفائدة الأهم لهذا الاقتراض في حالات الركود، فيكون هنالك الكثير من الأموال غير المستخدمة لدى البنوك وذلك لعزف الأفراد عن القيام بعمليات الاستثمار والاستهلاك، فعند اقتراض الحكومة لهذه الأموال، ومن ثمَّ القيام بضخها في الاقتصاد عبر إحدى طرق الإنفاق العام التي تمَّ ذكرها، فإن ذلك سيخلق حالة من الطلب تساهم في تقليل حالات الركود، وعلى نحو آخر، فإن قيام الحكومة بالاقتراض من

المؤسسات المصرفية في حالات التضخم قد يكون صعباً وذلك بسبب الاحتياطات النقديّة القليلة الموجودة لدى البنوك.

السحوبات من الخزينة

تقوم الحكومة بعمليات السحب من الخزينة عند الحاجة إلى تمويل العجز في الميزانية، ويؤدي هذا الإنفاق إلى إضافة المعروض النقدي في الاقتصاد، ويتم الاستفادة منها بشكل أكبر في حالات الركود لحفز الطلب.

طباعة النقود

وهي طريقة أخرى لتمويل الحكومة غير طريقة السحوبات من الخزينة، ويتم التمويل بهذه الطريقة في حالات الركود فقط بسبب تأثيره السلبي على قيمة العملة الوطنيّة في حالات الازدهار والتضخم.

السياسة المالية في مواجهة الجائحة

تصاعد الدين العام

من المتوقع بلوغ الدين العام العالمي 101,5% من إجمالي الناتج المحلي العالمي في 2020– وهو أعلى مستوى على الإطلاق.

(% من إجمالي الناتج المحلي)

المصادر: قاعدة البيانات التاريخية لمستوى الدين العام، وتقرير آفاق الاقتصاد العالمي لصندوق النقد الدولي، و"قاعدة بيانات مشروع ماديسون" (Maddison Database Project)؛ وحسابات خبراء صندوق النقد الدولي.

ملحوظة: سلسلة البيانات المجمعة لنسبة الدين العام إلى إجمالي الناتج المحلي للاقتصادات المتقدمة واقتصادات الأسواق الصاعدة تستند إلى بيانات نسبة الدين إلى إجمالي الناتج المحلي لعينة ثابتة من 25 بلدا و27 بلدا، على التوالي. علما بأن المتوسطات محسوبة باستخدام أوزان ترجيحية مشتقة من إجمالي الناتج المحلي على أساس تعادل القوى الشرائية.

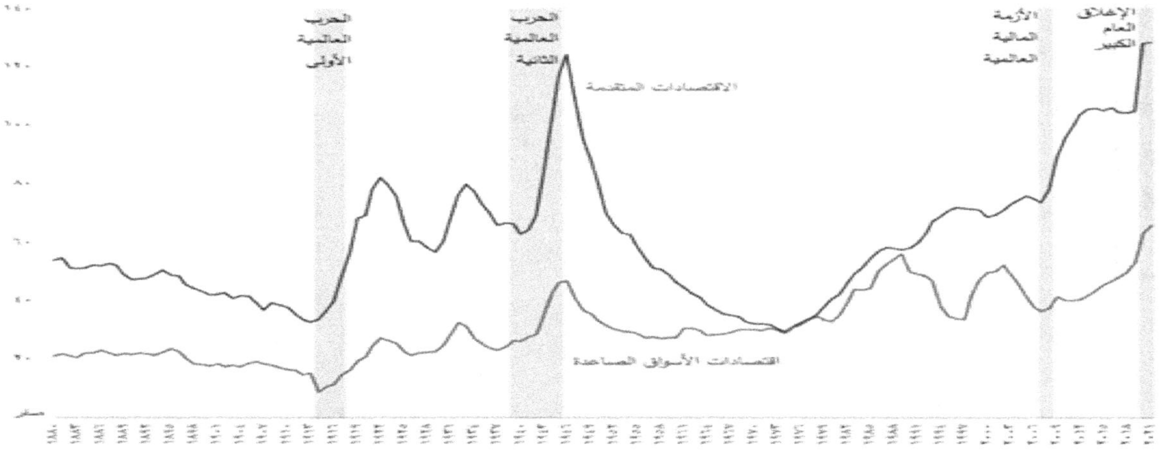

ووفقاً لما يرد في قاعدة بيانات تقرير "الراصد المالي" لإجراءات المالية العامة التي اتخذتها البلدان لمواجهة جائحة كوفيد-19*، التي تغطي عينة ممثلة من أكثر من 50 بلدا، فإن الدعم العالمي الكلي من المالية العامة موزع حتى الآن بالتساوي تقريبا بين إجراءات أعلى الخط ذات الأثر المباشر على جانبي الإيرادات والنفقات مثل تأجيل سداد الضرائب والتحويلات النقدية ودعم *أسفل الخط* يتضمن القروض، وضخ رؤوس الأموال المساهمة، والضمانات الحكومية للقطاع العام.

- سياسة المالية العامة لإعادة فتح الاقتصاد تدريجيا بعد الإغلاق العام الكبير

حزم دعم كبيرة من المالية العامة

اتخذت الاقتصادات المتقدمة، وبدرجة أقل اقتصادات الأسواق الصاعدة، تدابير مالية عالية المستوى أعلى الخط وأسفل الخط.

(% من إجمالي الناتج المحلي)

المصادر: السلطات الوطنية؛ وتقديرات خبراء صندوق النقد الدولي.
ملحوظة: البيانات كما في 12 يونيو 2020. الأوزان الترجيحية لمجموعات البلدان حسب إجمالي الناتج المحلي بسعر الدولار الأمريكي الحالي المعدل على أساس تعادل القوى الشرائية. التدابير على مستوى الإيرادات والنفقات تستثني إجراءات تأجيل سداد الضرائب والدفعات المسددة مقدما. للاطلاع على التفاصيل، راجع قاعدة بيانات تقرير "الراصد المالي" لإجراءات المالية العامة التي اتخذتها البلدان لمواجهة جائحة كوفيد-19.

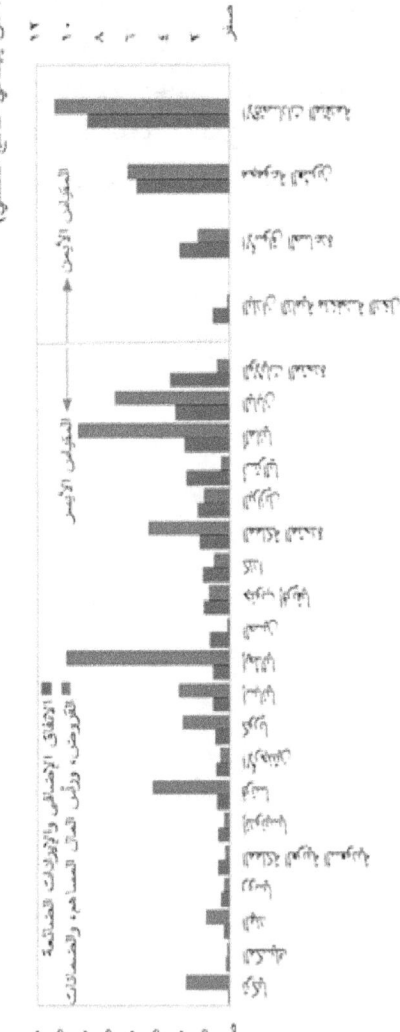

إن الخروج من حالات الإغلاق، لا يعني أنه قد انتفت الحاجة للإجراءات السياسة المالية المطلوبة، فإن عدم الوصول إلى حل للأزمة الصحية (الوباء المتكرر)، سيؤدي حتماً إلى بقاء أجواء عدم اليقين المتردد بقرارات السياسة المالية والتي تكتنف مسار التعافي، لاسيما مع التهديد بظهور متحورات أخرى، أو إعادة انتشار فيروسات أخرى (جُدري القرود).

إذاً، لا تزال الأولوية القصوى هي الصحة العامة (وتقول الحكمة أن أفضل متغير للنمو الاقتصادي هو الحفاظ على صحة الفرد والمجتمع)، فالسياسات التي تحد من المخاطر الصحية تسهم إلى حد كبير في استعادة الثقة والطمأنينة، وتُمثل دعوة إلى عدم الاغلاق، حيث إن إجراءات الاحتواء المبكرة ستكون تكاليفها الاقتصادية والمالية العامة أقل بكثير من الاغلاق العام.

ومن الأهمية بمكان إعداد بيانات عن النتائج الصحية والاجتماعية-الاقتصادية، تتسم بالدقة والحداثة والشمول لمراقبة فاشيات الأمراض والاستجابة لها على وجه السرعة، وإضفاء شعور بالثقة بين الناس بإمكان التعامل مع أي موجات عدوى مستقبلية، كما أن الشفافية في عرض المعلومات والنتائج الصحية من قبل الحكومات، يترتب عليه مصداقية مقابلة من الجهات والمؤسسات المساعدة أو المناحة، ومن ثم يمكن بالتعاون والتنسيق المصحاب للشفافية تدارك الأزمة.

ويتعين أن تظل سياسة المالية العامة داعمة ومرنة لحين تأمين مخرج آمن ودائم من هذه الأزمات المتكررة، وبينما يمكن أن يرتفع مسار الدين العام أكثر في أحد السيناريوهات المعاكسة، فإن تشديد أوضاع المالية العامة قبل الأوان يشكل مصدر خطر أكبر يفضي إلى خروج التعافي الاقتصادي عن مساره، مع ازدياد التكاليف على المالية العامة بدرجة أكبر في المستقبل.

ينبغي لصانع السياسات الاقتصادية، الاستباق بوضع خطط للطوارئ، وذات مرونة للتصدي للمخاطر الصحية والاقتصادية

ومخاطر المالية العامة المختلفة حجماً وكيفاً، والتي تنشأ عن حالات تفشي الأوبئة المتكررة، وقد يلزم إعداد جيل جديد من أدوات الضبط التلقائي السريع، لمنع حدوث فواصل زمنية في تقديم الدعم الموجه لأهداف محددة.

إن هذه الأزمة (كوفيد – 19)، ستؤدي إلى حدوث تحولات محورية، فالعديد من الوظائف المفقودة بسبب الجائحة، لا يتوقع عودتها مرة أخرى، حيث سيكون من الضروري تحويل الموارد من القطاعات المنكمشة بصفة دائمة، مثل السفر الجوي، إلى القطاعات التي ستتوسع، مثل الخدمات الرقمية، وينبغي تحويل اتجاه ومسار الدعم، من الحفاظ على الوظائف، إلى دعم البشر في اطار إعادة التدريب، أو تسهيل التنقل بين القطاعات المختلفة، وسيكون من الضروري التمييز بين الشركات شحيحة السيولة لكنها تتمتع بالملاءة والشركات المُعسرة، فقد تتخذ الحكومات إجراءات إضافية، مثل استخدام السندات القابلة للتحويل وضخ أسهم رؤوس الأموال المساهمة في الشركات الاستراتيجية والمؤثرة نظامياً، وسيتعين على كثير من البلدان أيضا اتخاذ إجراءات سريعة وحاسمة لتحسين الآليات القانونية لتسوية مشكلات فرط أعباء المديونية، بهدف منع حدوث آثار اقتصادية غائرة طويلة الأمد.

- الحفاظ على مستويات الدين في حدود يمكن الاستمرار في تحملها

إن الحاجة للدعم المستمر من المالية العامة واضح، لكن هذا الأمر يستدعي تساؤل/ كيف يتم توفير الدعم للدول دون أن تصل ديونها إلى مستويات لا يمكن الاستمرار في تحملها، وبالمقارنة مع ما ورد في عدد يناير 2020 من تقرير آفاق الاقتصاد العالمي، من المتوقع أن يشهد أعوام 2021/2020م ارتفاعاً في عجز المالية

العامة بأكثر من سبع أضعاف في الاقتصادات المتقدمة، وبأكثر من الضعف في اقتصادات الأسواق الصاعدة، مما يسفر عن حدوث طفرة غير مسبوقة في الدين العام، قد يترتب عليها اللجوء للتمويل بالعجز، ومن ثم ظهور موجات تضخمية غير مسبوقة، قد يترتب عليها تأكل مسارات التعافي والنمو المستهدف.

ومع ذلك، يُنصح بتوخي الحذر، فهناك تفاوت كبير في مستويات الدين والقدرات التمويلية بين مختلف البلدان كما أن هناك درجة عالية من عدم اليقين الذي يكتنف التنبوءات، وقد ترتفع تكاليف الاقتراض على وجه السرعة، لا سيما في الاقتصادات الصاعدة والأسواق الرائدة، وسيكون تأمين مسار للعودة إلى مستويات أرصدة المالية العامة المستدامة مطلباً أساسياً للبلدان التي دخلت هذه الأزمة بمستويات مرتفعة بالفعل من الديون ومعدلات نمو منخفضة، وسوف يتعين على الحكومات العمل على تنفيذ خطة موثوقة للمالية العامة متوسطة الأجل تعتمد على تحسين تعبئة الإيرادات، باستخدام أدوات اقتصادية متعددة مثل الحد من التهرب الضريبي، وزيادة تصاعدية الضرائب في بعض الحالات، وإعادة النظر في تسعير الكربون، والاتجاه إلى رفع الكفاءة الإنتاجية.

إن شفافية التواصل للخطط المالية يساعد على احتواء التقلبات المحتملة في أسواق الديون السيادية لا سيما في مرحلة التحول، وبالإضافة إلى ذلك، يجب أن تحرص المؤسسات الدولية على عدم تصدير الاضطراب نحو الحصول على السيولة الدولية، نتيجة حالات الذعر في الأسواق التي تتحقق ذاتياً.

وعلى المجتمع الدولي كذلك أن يكفل إتاحة التمويل بشروط ميسرة، والمنح في بعض الحالات، للبلدان النامية منخفضة الدخل المعرضة للتأثر، والتي تفتقر للموارد اللازمة لدعم نظم الرعاية الصحية وتوفير الإمدادات الحيوية باستمرار، وبينما بلغ عدد البلدان التي حصلت بالفعل على المساعدات الطارئة من صندوق النقد الدولي اثنين وسبعين بلداً، فلا تزال الحاجة قائمة لتوفير قدر

أكبر بكثير من الدعم الثنائي ومتعدد الأطراف، وقد تكون الدول الأفقر بحاجة لاستمرار تخفيف أعباء الديون، من خلال **"مبادرة مجموعة العشرين لتعليق مدفوعات خدمة الدين".**

- الحرب تبطئ وتيرة التعافي

نشأت عن الحرب في أوكرانيا أزمة إنسانية مُفجعة تتطلب حلاً، وستؤدي الأضرار الاقتصادية الناجمة عن الصراع إلى تباطؤ ملحوظ في النمو العالمي خلال أعوام 2022، وما بعدها، ويرجح بدرجة كبيرة أن تسجل أوكرانيا تراجعا حادا ثنائي الرقم في مستويات إجمالي الناتج المحلي، وأن تشهد روسيا انكماشا حادا، فضلاً عن انتشار التداعيات العالمية من خلال أسواق السلع الأولية والتجارة والقنوات المالية، وبينما تساهم الحرب في تراجع النمو، ينشأ عنها أيضا المزيد من التضخم، فقد شهدت أسعار الوقود والغذاء زيادة سريعة وقع تأثيرها الأكبر على الفئات السكانية الضعيفة لا سيما في البلدان منخفضة الدخل، ومع زيادة مستويات التضخم، سيكون من الصعب على البنوك المركزية المفاضلة بين احتواء الضغوط السعرية وحماية النمو، ويُتوقع ارتفاع أسعار الفائدة مع زيادة تشديد سياسات البنوك المركزية، مما سيفرض ضغوطا على اقتصادات الأسواق الصاعدة والاقتصادات النامية، وعلاوة على ذلك.

تعاني بلدان عديدة من ضيق الحيز المتاح للسياسة المالية العامة التي يمكن استخدامها في التخفيف من تداعيات الحرب على اقتصاداتها، وقد أدى الغزو إلى حالة من التشتت الاقتصادي مع قيام بلدان عديدة بقطع علاقاتها التجارية مع روسيا، كما يخاطر بانحراف التعافي عن مساره في مرحلة ما بعد الجائحة، ويشكل أيضا تهديدا لكافة الأطر الخاصة بدعم

وتعزيز التكامل الاقتصادي العالمي، والتي ساعدت في تحرير الملايين من براثن الفقر، فضلاً عن أن، الصراع قد يساهم في تفاقم الضغوط الاقتصادية الناجمة عن الجائحة، وبالرغم من أن أجزاء كثيرة من العالم تتخطى حالياً على ما يبدو المرحلة الحرجة من أزمة كوفيد-19، فإنه لا تزال معدلات الوفاة مرتفعة، كذلك ستؤدي الإغلاقات العامة الأخيرة في عدد من المراكز الصناعية والتجارية الرئيسية في الصين إلى تفاقم انقطاعات الإمدادات في بلدان أخرى.

تحظى السياسة المالية بمكانة مهمة بين السياسات الاقتصادية الكلية، إذ تمثل أداة رئيسة يمكن للحكومة استعمالها في توجيه مسار النشاط الاقتصادي، ومعالجة ما يتعرض له من هزات وأزمات، وذلك بفضل أدواتها وبما يؤهلها من تحقيق معدلات تشغيل مرغوبة واستقرار نسبي في النمو وإعادة توزيع الدخل بشكل عادل، وإذ تحدث الحكومة تغيراً شاملاً في رسم سياستها المالية بالشكل الذي يسهم في كبح تلك المشاكل والأزمات، أو تدارك أثارها ونتائجها، ومن ثم تحقيق الاستقرار الاقتصادي.

وعليه فإن جائحة كوفيد-19 الجارية استحثت استجابة ليس لها نظير على مستوى المالية العامة بلغت قيمتها حوالي 11 تريليون دولار في كافة أنحاء العالم. ولكن مع استمرار التزايد السريع في حالات الإصابة المؤكدة والوفيات، سوف يتعين على صناع السياسات العمل على بقاء الاستجابة على مستوى الصحة العامة هي أولويتهم الأولى مع الحفاظ على السياسات المالية العامة الداعمة والمرنة والاستعداد للتغير الاقتصادي الذي يحقق التحول.

نكسات دائمة الأثر

ستشهد اقتصادات الأسواق الصاعدة ضمن مجموعة العشرين خسائر أكبر من جراء الجائحة مقارنةً بنظرائها من الاقتصادات المتقدمة.

(%)

المصدر: تقرير "آفاق الاقتصاد العالمي"، صندوق النقد الدولي.

ملحوظة: التوقعات المعدلة للناتج ومستويات التوظيف في 2024 تقارن تنبؤات "آفاق الاقتصاد العالمي" لعام 2019 بالتنبؤات المناظرة في يناير 2022. وتُستخدم تنبؤات يناير 2022 لاستبعاد أثر الحرب في أوكرانيا. وتُستبعد من خسائر التوظيف كل من الصين والهند نظرا للتغيرات في منهجية البيانات، والمملكة العربية السعودية نظرا لعدم توفر بيانات كافية.

IMF

وعالبا ما يكون للركود آثار دائمة على العمال الذين يفقدون وظائفهم في عمق الهبوط الاقتصادي. وقد يجدون صعوبة في العثور على وظيفة جديدة أثناء مرحلة التعافي كما يمكن أن يفقدوا بعض مهاراتهم بسبب التعطل عن العمل لفترة طويلة. ولا تتسبب هذه الخسائر في الاضرار بالعمال فقط، بل أيضا في تخفيض الناتج الاقتصادي الكلي.

ولمواجهة التراجع الحاد في الناتج العالمي، كان من الضروري إطلاق استجابة ضخمة على مستوى المالية العامة لزيادة القدرات في مجال الصحة، وتعويض الأسر عن الدخل الضائع، والحيلولة دون حدوث حالات إفلاس واسعة النطاق، ولكن الاستجابة على مستوى السياسات ساهمت أيضا في بلوغ الدين العام العالمي أعلى مستوياته المسجلة على الإطلاق، بنسبة تجاوزت 100% من إجمالي الناتج المحلي العالمي، وتخطت مستويات الذروة المسجلة في فترة ما بعد الحرب العالمية الثانية.

التحديات التي تواجه العمالة والطلاب في مختلف الأسواق الصاعدة، يمكن أن تتحول إلى ضرر طويل الأجل، وتواصل اقتصادات مجموعة العشرين التعافي من الجائحة، لكن الصدمة غير المسبوقة قد تترك ندوباً طويلة الأمد تتسبب في إضعاف الآفاق الاقتصادية مقارنةً باتجاهاتها السابقة على الأزمة، لنتحول إلى مفهوم آفاق الاقتصاد المريض.

وستكون الخسائر الناجمة عن الجائحة كبيرة في السنوات القادمة سواء في الناتج الاقتصادي أو التوظيف، ومن المرجح أن تتحمل اقتصادات الأسواق الصاعدة خسائر أكبر لأن حزم الدعم المخصصة لمواجهة الجائحة كانت أصغر حجما، وبالنسبة لكثير من الاقتصادات، يضيف اندلاع الحرب في أوكرانيا مزيدا من التحديات.

فضلاً عن أن ضعف التعافي المتوقع لأسواق العمل في اقتصادات الأسواق الصاعدة والاضطرابات الحادة في العملية التعليمية على مدار العامين الماضيين في كل من الاقتصادات المتقدمة والصاعدة كانت من أهم أسباب الندوب الناجمة عن الجائحة، ويجب أن يبادر صناع السياسات بتحرك عاجل لإصلاح الضرر الذي خلفته الأزمة والحيلولة دون عقود من الانكماش في الناتج الاقتصادي نتيجة لخسائر رأس المال البشري.

> - النفقات الحتمية من وراء (الجائحة ــ الحرب) تواجه ارتفاعاً في الديون وقيوداً مشددة على الموازنات.

ما إن ظهر الأمل مع زيادة توفير اللقاحات، التي أصبحت في محل التشكيك تارة بالفعالية وأخرى بالمؤامرة، حتى جاء غزو روسيا لأوكرانيا فأحدث اضطراباً في التعافي للاقتصاد العالمي المتضرر بشدة، حيث كان من أكثر الآثار العالمية وضوحاً تسارع الارتفاع في أسعار الطاقة والمواد الغذائية، والذي أثار المخاوف من حدوث نوبات من شُح الغذاء، وتزايد مخاطر سوء التغذية والقلاقل الاجتماعية. وارتفعت الأسعار العالمية للمواد الغذائية بنسبة 33,6% في شهر مارس مقارنة بالعام السابق، حسب مصادر منظمة الأغذية والزراعة التابعة للأمم المتحدة، وعليه فكيف يمكن للحكومات، التي تواجه مستويات قياسية من الديون، وارتفاعا في تكاليف الاقتراض، أن تتخذ الطريق الأمثل لتلبية الاحتياجات الملحة، مما يتطلب الدعوة الملحة نحو مزيد من التعاون الدولي.

> آفاق المالية العامة محفوفة بقدر كبير من عدم اليقين

- تراكمت في الاقتصادات حول العالم طبقة تلو أخرى، من الصدمات السابقة، منذ الأزمة المالية العالمية (أكتوبر 2008م)، وأدت إجراءات السياسة المالية بهدف مواجهة الجائحة، إلى تفاقم عجز المالية العامة، والدين العام ، فضلاً عن ذلك، ظلت آفاق الاقتصاد المريض يغلفها أجواء عدم اليقين مع مؤشرات اقتصادية هشة، سادها ارتفاع التضخم وتراجع في مسارات التعافي، ثم جاء غزو روسيا لأوكرانيا، فدفع المخاطر نحو الارتفاع المضطرد بصورة حادة، هذا على الرغم من هبوط معدلات العجز والديون

العالمية من مستويات قياسية، ويُتوقع هبوط الدين العام العالمي في عام 2022 ثم استقراره عند نحو 95% من إجمالي الناتج المحلي على المدى المتوسط، أي بارتفاع قدره 11 نقطة مئوية مما كان عليه قبل الجائحة، ومن ثم تأتي الحرب بإعادة مستوى الدين إلى نسب تتجاوز 100%، من إجمالي الناتج المحلي العالمي، وساعدت ارتفاعات معدلات التضخم المفاجئة الكبيرة في 2020-2021-2022م، على تخفيض نسب الدين، ولكن تكاليف الاقتراض السيادي سترتفع مع تشديد السياسة النقدية لكبح التضخم، مما يُضَيّق النطاق المتاح للإنفاق الحكومي ويزيد مواطن الانكشاف لمخاطر الديون، ويأتي من خلال هذا ويترتب عليه، معاناة المواطن لا سيما بالاقتصاديات الصاعدة والأقل نموا، مما يدفع إلى كوارث اقتصادية على صعيد تفاقم الفقر.

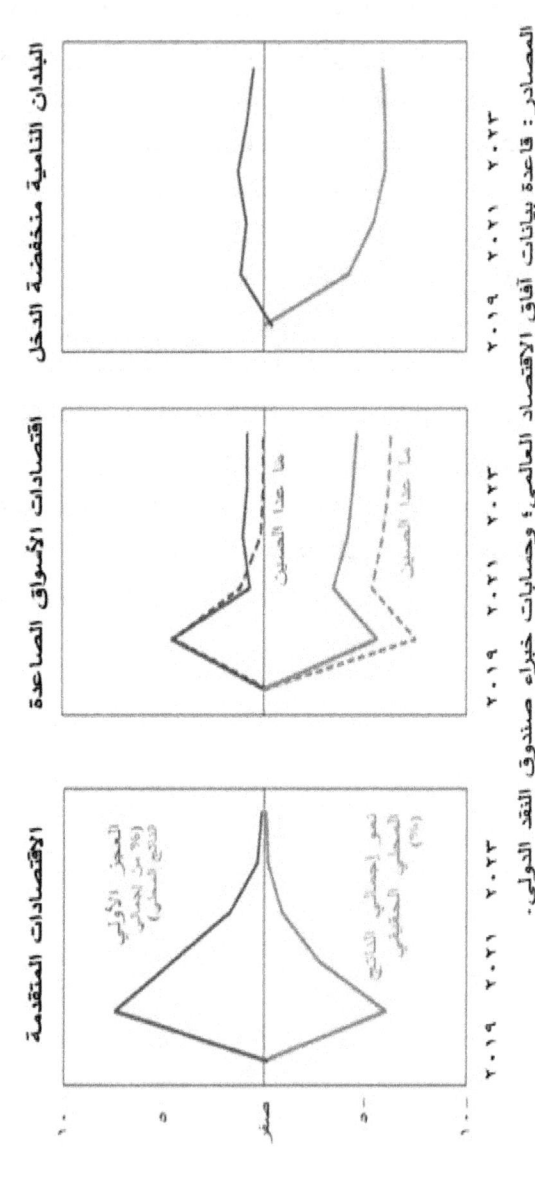

التحرك بالتوازي مع تعافٍ غير متوازنٍ

بلغت معدلات العجز ذروتها في عام ٢٠٢٠، ثم هبطت على مستوى العالم، لكنها من المتوقع أن تظل أعلى من مستوياتها قبل الجائحة.

(الانحرافات عن توقعات ما قبل الجائحة)

المصادر: قاعدة بيانات آفاق الاقتصاد العالمي؛ وحسابات خبراء صندوق النقد الدولي.

ملحوظة: يبين الرسم البياني الانحرافات عن توقعات ما قبل الجائحة الواردة في عدد يناير ٢٠٢٠ من تقرير آفاق الاقتصاد العالمي.

IMF

- وفي الاقتصادات المتقدمة، فمن المتوقع تراجع معدلات العجز بينما يتحول مسار السياسات من دعم الجائحة إلى التحول الهيكلي، وتواجه آفاق المالية العامة في أوروبا أجواء استثنائية من عدم اليقين، كنتيجة بديهية للحرب في أوكرانيا وتداعياتها الكارثية،

- البلدان منخفضة الدخل، التي تعاني من ندوب عميقة بسبب الجائحة، لديها حيز مالي محدود للغاية نتيجة للأضرار الشديدة التي أصابتها من جراء تداعيات الحرب، مما يزيد الضغط على مسار السياسات المالية، حيث تواجه الحكومات ضغوطاً غير مسبوقة، إزاء التعامل مع ارتفاع أسعار الطاقة والغذاء، وبهدف تخفيف العبء عن الأسر، وضمان تحقيق الأمن الغذائي، والحيلولة دون إثارة قلاقل اجتماعية، أعلنت معظم الحكومات اتخاذ تدابير للحد من ارتفاع الأسعار المحلية، ومع هذا، يمكن أن يترتب على هذه الإجراءات تكاليف كبيرة تتحملها المالية العامة وتفضي إلى مزيدا من الضغوط على الأسعار الدولية وربما أدت إلى نقص في الطاقة أو الغذاء، وسيزيد ذلك من الأضرار التي لحقت بالبلدان منخفضة الدخل التي تعتمد على استيراد الطاقة والغذاء.

مواجهة ارتفاع أسعار الطاقة والغذاء

من أجل تخفيف الأعباء عن الأسر المعيشية، أعلنت معظم الحكومات اتخاذ تدابير للحد من ارتفاع أسعار الطاقة والغذاء المحلية هذا العام.

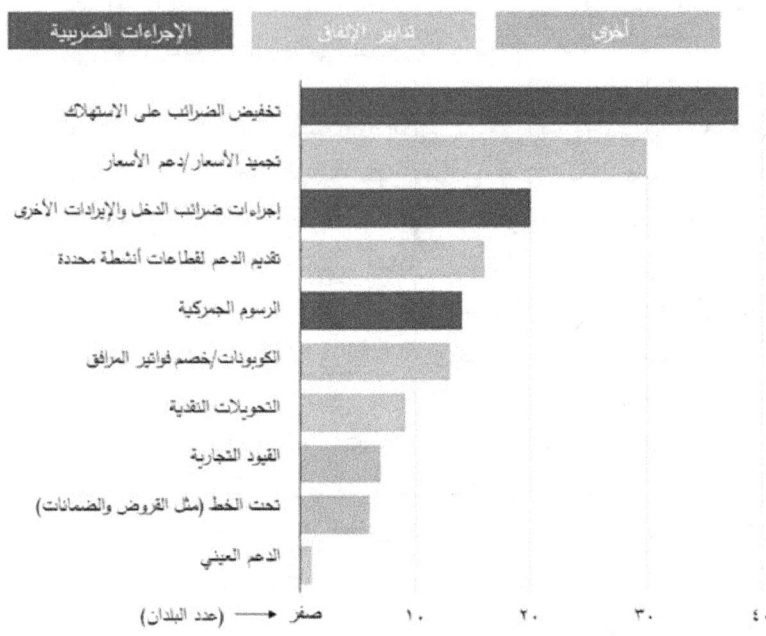

المصدر: مسح مكتبي أجراه صندوق النقد الدولي بناء على مدخلات من ١٣٤ بلدا. (الإجابات الواردة في ٣١ مارس ٢٠٢٢).

IMF

ملحوظة: يتضمن هذا الرسم البياني التدابير المعلنة بعد ١ يناير ٢٠٢٢.

وفوق ذلك كله، مُني الكفاح ضد التضخم بانتكاسة، ولا سيما في بلدان الأسواق الصاعدة والبلدان منخفضة الدخل، ومقارنة بالاتجاهات العامة التي كانت سائدة قبل الجائحة، وُجِد أن أزمة كوفيد-19 دفعت 70 مليون نسمة أخرى في أنحاء العالم إلى هوة الفقر المدقع في 2021، وتمتعت الأسر في كثير من الاقتصادات

المتقدمة بالحماية من خلال الدعم الحكومي المباشر أو برامج الحفاظ على الوظائف، وانخفضت نفقات الأسر وارتفعت مدخراتها بسبب التباعد الاجتماعي، والقيود على الحركة، وعدم اليقين بشأن المستقبل، وتمثل هذه المدخرات الزائدة هامشا وقائيا مهماً ولكن إنفاقها بسرعة يمكن أن يزيد من زخم التضخم، وتعيش البلدان الأخرى التي لديها أعداد كبيرة من الفقراء وضعا أسوأ بكثير، لأن التضخم المتزايد يمكن أن يؤدي إلى دفع أعداد أكبر من سكانها نحو الفقر ويفضي إلى تفاقم أزمة الغذاء.

| إدارة أزمة فوق أزمة |

- تواجه الحكومات خيارات صعبة في هذه البيئة من عدم اليقين، حيث ينبغي أن تركز على أكثر احتياجات الإنفاق إلحاحاً، ومن ثم أهمية ترتيب أولويات الإنفاق، كما ينبغي العمل على تعبئة الإيرادات لأدائها، ونوصي بوضع استراتيجيات مالية يتم تصميمها تبعاً لظروف كل بلد على حدة، حيث أنه في الاقتصادات الأشد تضررا من الحرب في أوكرانيا والعقوبات على روسيا، لا بد أن تتجه سياسة المالية العامة للتصدي للأزمات الإنسانية، ومواجهة للاضطرابات في الهياكل الاقتصادية ، ونتيجة ارتفاع معدلات التضخم وأسعار الفائدة، ينبغي توجيه الدعم من المالية العامة إلى الفئات الأشد تضررا والمجالات ذات الأولوية، وفي البلدان التي تحقق نمواً أقوى ولا تزال الضغوط التضخمية فيها كبيرة، ينبغي أن تواصل سياسة المالية العامة الابتعاد عن الدعم والعودة إلى الأوضاع العادية، وفي عدد كبير من اقتصادات الأسواق الصاعدة والاقتصادات منخفضة الدخل التي تواجه ضيق أوضاع التمويل أو مخاطر الوقوع في حالة مديونية حرجة، يتعين

على الحكومات ترتيب أولويات الإنفاق وتعبئة الإيرادات للحد من مواطن التعرض للمخاطر، كما أن الدول المصدرة للسلع الأولية، والتي تنتفع من ارتفاع الأسعار، هناك ضرورة قصوى لإعادة بناء هوامشها الوقائية.

- و الحكومات التي تتولى أولوية حماية أضعف الفئات، في سبيل مواجهة طفرة انفجار الأسعار الدولية للسلع الأولية، بهدف تجنب حدوث أزمة غذاء مع الحفاظ على التماسك الاجتماعي، حيث في استطاعة البلدان التي لديها شبكات أمان اجتماعي متطورة بشكل جيد، أن تقدم التحويلات النقدية المؤقتة والموجهة إلى الفئات الضعيفة مع السماح بتعديل الأسعار المحلية، وسوف يحد ذلك من الضغوط على الموازنات ويولد الحوافز الصحيحة لزيادة الإمدادات (مثل الاستثمار في الطاقة المتجددة)، ويمكن أن تسمح بلدان أخرى بتعديل الأسعار المحلية بوتيرة أكثر تدرجا وأن تستخدم الأدوات الموجودة لمساعدة أكثر الفئات المعرضة للمخاطر خلال هذه الأزمة، بينما تتخذ الخطوات اللازمة لتعزيز شبكات الأمان.

- أما زيادة ارتفاع أسعار الوقود الأحفوري، فتلقي الضوء على الحاجة الملحة إلى التحول التدريجي نحو مصادر الطاقة النظيفة والمتجددة، مما سيعزز أمن إمدادات الطاقة، ويساعد في تعزيز استراتيجية الحفاظ على المناخ، فنحن بعيدون بشكل كبير عن مسار الإبقاء على الاحترار العالمي في حدود درجتين مئويتين.

- وحوالي 60% من البلدان منخفضة الدخل إما يواجه أخطار كبيرة من الوصول إلى حالة المديونية الحرجة، أو وصل لهذه الحالة بالفعل، وتواجه هذه البلدان ندوباً دائمة من كوفيد-19، كما أنها معرضة بصفة خاصة لمخاطر ارتفاع أسعار الغذاء، نظرا لارتفاع حصة الإنفاق على

المواد الغذائية في ميزانيات الأسر المعيشية فيها، وبالتالي فهذه البلدان في حاجة إلى دعم المجتمع الدولي، ولكن هناك حاجة أكبر إلى اتخاذ إجراء جماعي، وبات التعاون العالمي ضرورة حتمية لمعالجة المشكلات المُلحة والعاجلة التي تواجه العالم، من أزمات الطاقة والغذاء، والجوائح في الحاضر والمستقبل، والديون، والتنمية، وتغير المناخ.

رابعاً: صافي الصادرات (الصادرات ــ الواردات / السياسة التجارية)

مقدمة

في ظلّ خطر صحي عالمي النطاق وشديد الوطأة على المنطقة العربية، تحوّل ما يُفترض أنّه عقدٌ من العمل الدؤوب من أجل التنمية المستدامة إلى عقدٍ من العمل العاجل من أجل إنقاذ الأرواح وإصلاح سُبل العيش، لقد أشعل فيروس كورونا أزمةً تذكّرنا بأنّ القطاع العام القويّ والفعّال هو خط الدفاع الأول ضدّ المخاطر التي تتهدّد نُظماً بأسرها، تتّسع رقعة الوباء والاقتصادات العربية ترزح بالفعل تحت صراعات متعدّدة وضغوط مالية متفاقمة، وفي ظل هيمنة من الاضطرابات السياسية والعسكرية، لحكومات فاشية ديكتاتورية، تجعل من حقوق الإنسان، موضوع على هامش مواجهة الأزمات المتكررة، بوصف المواطن العربي في أدنى سلم الأولويات، الا إنه واقع عسكر الانقلابات، وحجج مواجهة الإرهاب، وذكاء الإله الحاكم، وعبقرية معاونيه، ليقع بشعبه تحت ملومة النمو السكاني، وضعف الإنتاجية، وفشل التعليم، وانهيار الأنظمة الصحية، إنه الفشل في ابهى صورة، أن يكون محور ومرتكز الحل والعقد عند موهوب السماء والأرض الحاكم المُلهم، ليضع مصائر العباد على حافة هاوية التبعية والانكسار، ومصيدة الديون.

إن الجوع والمرض والجهل، واضف إليهم الديون، هما شرعية الفشل للاستمرار، ومن ثم التحول السريع إلى عشوائية التنفيذ كتخطيط للفشل.

تلك حالة طارئة إقليمية تستدعي استجابة إقليمية طارئة، استجابة لا ترمي إلى إنقاذ البلدان أو الصناعات أو المؤسسات المالية في المنطقة، بل إلى إنقاذ آلاف الأرواح، وأيّ مبادرة للقضاء على هذا

الوباء يجب أن تتمحور حول رفاه الناس وتضامُن أركان المجتمع، وأن تمكّن الحكومات من معاودة العمل من أجل إقامة عالم آمن وعادل ومزدهر لا يهمل أحداً.

وعطفاً على الإجراءات العالمية لاحتواء الوباء، وما ترتب عليه من هياكل اقتصادية مريضة، دفعت إلى تقليص حجم التجارة الخارجية العالمية، نتيجة انخفاض الناتج المحلي الإجمالي العالمي، وبشكل يعزز آفاق الاقتصاد المريض.

- ميزان المدفوعات (Balance of payments)

1) **سجل مُنظم، لكافة المعاملات (الصفقات) الاقتصادية بين المقيمين داخل الدولة، والمقيمين خارجها خلال سنة عادة.**
2) **سجل لحقوق الدولة وديونها خلال سنة عادة.**
3) **تقدير مالي لجميع المعاملات التجارية والمالية التي تتم بين الدولة والعالم الخارجي خلال سنة عادة.**

- تقسيمات ميزان المدفوعات

أولا: التقسيم الرأسي: ينقسم رسياً إلى قسمين

- الجانب الدائن (متحصلات)

وتُقيد فيه كافة المعاملات التي يترتب عليها حصول الدولة على إيرادات في نفس العام مثل الصادرات، وواردات رؤوس الأموال، وصادرات الذهب.

- الجانب المدين (مدفوعات)

وتُدون فيه كافة المعاملات التي تلزم الدولة بمدفوعات ت إلى العالم الخارجي، مثل الواردات، وصادرات رؤوس الأموال، وواردات الذهب.

ثانياً: التقسيم الأفقي ينقسم إلى ثلاثة أقسام

- ميزان / الحساب الجاري (تجاري – خدمي)
- ميزان/ حساب رأس المال، تحركات رؤوس الاموال (طويلة الاجل ـ قصيرة الاجل)
- ميزان/ حساب التسويات الرسمية.

الحساب الجاري/ يتضمن الأقسام التالية

أ- الميزان التجاري السلعي المنظور

تُسجل فيه التجارة المنظورة ويتعلق بصادرات وواردات السلع المادية المنظورة خلال الفترة محل الحسا ب وتسجل الصادرات في الجانب الدائن والواردات في الجانب المدين.

◈الفائض في الميزان التجاري = اجمالي قيمة الصادرات > إجمالي قيمة الواردات.

◈العجز في الميزان التجاري = إجمالي قيمة الواردات > إجمالي قيمة الصادرات.

ب- الميزان التجاري الخدمي غير المنظور

تُسجل فيه جميع المعاملات الخدمية مثل خدمات النقل والتأمين والسياحة والملاحة والخدمات المالية ويسمى ميزان المعاملات غير المنظورة.

❖تُسجل صادرات الخدمات في الجانب الدائن مثل استخدام الاجانب لشركة النقل والملاحة الوطنية، انفاق الاجانب على السياحة داخل الدولة.

❖تُسجل واردات الخدمات في الجانب المدين مثل مدفوعات المواطنين لشركات النقل والملاحة الأجنبية، مدفوعات المواطنين لأغراض التعليم ،مدفوعات الفوائد على القروض الأجنبية.

حساب رأس المال (ميزان العمليات الرأسمالية)

تدخل في هذا الحساب جميع العمليات التي تمثل تغيراً في المراكز الدائنة والمديونية للدولة لأن معاملات الدولة مع الخارج لا تقتصر على تجارة السلع والخدمات فقط، بل هناك حركات رؤوس الأموال التي تنتقل من بلد إلى آخر، والتي تنقسم إلى نوعين:

ت- تحركات رؤوس الأموال الطويلة الأجل

وهي تحركات رأس المال من البلد إلى الخارج والعكس خلال مدة تتجاوز السنة مثل القروض الطويلة الأجل، والاستثمارات المباشرة

▪ويسجل في الجانب الدائن القروض الاجنبية للداخل ، الاستثمار الأجنبي المباشر في الداخل ، أقساط سداد القروض الوطنية، حيث يترتب عليها دخول نقد أجنبي للدولة.

■ويسجل في الجانب المدين القروض الوطنية للخارج، الاستثمار وطني في الخارج ، أقساط سداد القروض الاجنبية حيث يترتب عليها مدفوعات للخارج.

ث ـ تحركات رؤوس الأموال القصيرة الأجل

وهي التحركات التلقائية لرؤوس الأموال من البلد إلى الخارج والعكس خلال مدة لا تتجاوز السنة مثل الودائع المصرفية والعملات الأجنبية والأوراق المالية القصيرة الأجل، والقروض القصيرة الأجل، وتتم التحركات التلقائية لرؤوس الاموال قصيرة الاجل لعدة أسباب

1) الخوف من الظروف الاقتصادية والسياسية غير الملائمة.
2) اختلاف مستويات اسعار الفائدة بين الدول
3) أغراض المضاربة.

حساب التسوية (ميزان حركة الذهب والنقد الأجنبي)

حيث تتم تسوية المدفوعات عن طريق التعاملات الأجنبية أو الذهب، والذي كان من وسائل الدفع الأكثر قبولاً في الوفاء بالالتزامات الدولية، فتسوي الدولة عجز ميزان المدفوعات، بتصدير الذهب إلى الخارج، كما يمكنها في حالة وجود فائض بشراء كمية من الذهب من الخارج وفقا لقيمة هذا الفائض.

الشكل المبسط لميزان المدفوعات وتقسيماته الرئيسية

دائن (متحصلات)	مدين (مدفوعات)
1- **الميزان أو الحساب الجاري:** - صادرات السلع والخدمات. - عوائد الاستثمارات إلى الداخل. - تحويلات من جانب واحد إلى الداخل(هبات، تعويضات، هدايا..الخ)	- واردات السلع والخدمات. - عوائد الاستثمارات إلى الخارج. - تحويلات من جانب واحد إلى الخارج(هبات، تعويضات، هدايا..الخ)
2- **ميزان أو حساب رأس المال:** - واردات رؤوس الأموال قصيرة، ومتوسطة وطويلة الأجل.	- صادرات رؤوس الأموال قصيرة، ومتوسطة وطويلة الأجل.
3- **ميزان أو حساب التسويات الرسمية:** - السحب من احتياطي العملات الأجنبية. - صادرات الذهب.	- زيادة احتياطي العملات الأجنبية. - واردات الذهب.

طريقة التسجيل/ القيد في ميزان المدفوعات

إن تسجيل العمليات في ميزان المدفوعات يكون طبقاً لطريقة القيد المزدوج أي تسجل مرتين، مرة في الجانب الدائن وأخرى في الجانب المدين، مما يجعله بالضرورة متوازناً دائما من الناحية المحاسبية بمعنى أن الجانب الدائن يتساوى مع الجانب المدين في جميع الأحوال.

هذا لا ينفي وجود اختلالات في التوازن من الناحية الاقتصادية تتطلب دائماً، تدخل حساب التسوية، لتحقيق التوازن المحاسبي

الظاهري، وتأتي أغلبية اقتصاديات الدول غير المنتجة ذات الضعف في الهياكل الاقتصادية الحقيقية والنقدية، بمعاناة من عجز مزمن في ميزان المدفوعات، وبما يخلق دائماً، ما يسمى بالتبعية الاقتصادية، وراء الدول الصناعية المتقدمة، ذات الهياكل الاقتصادية القوية المنتجة، وبحيث تحتل السلع الأولية تركزاً كبيراً الجانب الدائن لميزان مدفوعات الدول المتخلفة، وتحتل السلع الرأسمالية والمصنعة تركزا بقيمة أكبر بالجانب الدائن للدول الصناعية المتقدمة.

وعليه تكون عولمة التجارة والتكتلات الاقتصادية، الأداة الرئيسية لفرض الهيمنة، وتنفيذ روشتة الإصلاح المزعومة، والتي يترتب عليها تعميق التبعية، وفرض السيطرة الاقتصادية، لتبقى دول صاحبة الوفرة من المواد الأولية، الممثل الأول لأكبر سوق استهلاكي للسلع الرأسمالية والمصنعة والمُصدرة من دول الهيمنة الصناعية المتقدمة.

وخير مثال / اعتماد دول البترول الخام من الشرق الأوسط عامة والخليج على وجه الخصوص، بوصفهم حارس العقار لحفظ الأمن الاقتصادي العالمي، ومحافظ تسديد الفجوات الاقتصادية وتكاليف الحروب والهيمنة للدول الصناعية المتقدمة.

ومن الأهمية بمكان الاعتراف بأن الولايات المتحدة الأمريكية في ظل هيمنة الدولار الأمريكي كأهم عملات التسويات الدولية، تعمل دائماً على استغلال دول التبعية، في سبيل استمرار الرفاهية الاقتصادية للمواطن الأمريكي، وهيمنة السيد اليساري على العالم، وفرض اجندات الماسونية العالمية لابتزاز العالم والسيطرة عليه والتحكم فيه.

- الجانب الدائن يأخذ إشارة موجبة +

1) الصادارت من السلع والخدمات.
2) الهدايا والمنح والمساعدات المقدمة من الخارج (التحويلات من طرف واحد)
3) رؤوس الأموال القادمة من الخارج.

- الجانب المدين يأخذ الإشارة السالبة –

1) الاستيراد من السلع والخدمات
2) الهدايا والمنح والمساعدات المقدمة للأجانب
3) رؤوس الأموال الطويلة والقصيرة الأجل المتجهة نحو الخارج.

- توازن ميزان المدفوعات المحاسبي/ والاختلالات الواقعية

1) فائض ميزان المدفوعات / مجموع الجانب الدائن لكل من الحساب الجاري وحساب رأس المال أكبر من مجموع الجانب المدين فيه.
2) عجز ميزان المدفوعات / مجموع الجانب الدائن لكل من الحساب الجاري وحساب رأس المال أقل من مجموع الجانب المدين فيه.

- تسوية الفائض أو العجز / حساب التسوية

1) تسوية العجز/ يتطلب دخول نقد أجنبي ويتم عن طريق خروج الذهب النقدي للخارج، نقص الأصول الاجنبية المملوكة للمواطنين.

2) تسوية الفائض / يتطلب خروج النقد الأجنبي ويتم عن طريق دخول الذهب النقدي للداخل، زيادة الاصول الاجنبية المملوكة للمواطنين.

- تأثيرات وتداعيات / التجارة العالمية – سلاسل التوريد

شهدت الدول صاحية تدابير الإغلاق الأكثر صرامة تراجعاً أكبر في حجم الواردات، ورغم تصحيح مسار التدفقات التجارية، يمكن أن تساهم زيادة تنويع سلاسل القيمة العالمية في الحد من تأثير الصدمات المستقبلية.

وكان من المتوقع أن تؤدي صدمات الطلب والعرض الناجمة عن الجائحة إلى انهيار حاد في التجارة، ولكن التجارة الدولية تُثبت أنها أكثر صلابة مقارنة بالأزمات العالمية السابقة.

فبينما سجلت تجارة السلع انخفاضا حادا في الربع الثاني من عام 2020، ارتفعت مجددا إلى مستويات ما قبل الجائحة مع نهاية العام، غير أن الخدمات (مثل السياحة) شهدت تراجعا أشد وطأة خلال 2020، وتعافيا أكثر بطئا لاحقاً، بسبب استمرار القيود المفروضة في بعض البلدان لاحتواء العدوى.

التداعيات الدولية

اقترنت الجائحة ببعض العوامل التى تساعد فى تفسير هذه الأنماط التجارية.

أولاً، كانت الواردات السلعية عام 2020 أكبر من المتوقع في ضوء مستويات الطلب (والأسعار النسبية) السائدة آنذاك، وهو ما لوحظ على نحو أكثر وضوحا في البلدان التي شهدت تدابير إغلاق صارمة أو موجة شديدة من تفشي الجائحة.

ثانياً، نشأت عن تدابير الإغلاق العام تداعيات دولية ملحوظة، فقد شهدت الدول صاحية تدابير الاغلاق الأكثر صرامة انخفاضاً أكبر في حجم الواردات السلعية، حيث يُعزى 60% في المتوسط من حجم التراجع في الواردات خلال النصف الأول من عام 2020 إلى تدابير الإغلاق العام لدى الشركاء التجاريين، وتركزت هذه الآثار بالدرجة الأكبر في الصناعات المتكاملة مع عمليات الإنتاج التي تعتمد اعتماداً كبيراً على سلاسل القيمة العالمية (مثل الإلكترونيات وأشباه الموصلات).

غير أن هذه الآثار لم تستمر طويلاً، مما يشير إلى صلابة سلاسل الإمداد العالمية، كذلك ساهم العمل عن بعد في الحد من تداعيات الإغلاق العام على التجارة.

وبالرغم من ذلك، أدت الانقطاعات الناتجة عن الجائحة إلى انطلاق دعوات لإنتاج المزيد من السلع محلياً (إعادة توطين الإنتاج)، والجدير بالذكر الإشارة إلى أن تفكيك سلاسل القيمة العالمية ليس الحل، حيث تتحسن مستويات الصلابة كلما ازداد التنويع، وليس العكس. (زيادة تنويع سلاسل القيمة = الحل)

تداعيات تدابير الإغلاق العام على الواردات

أدت سياسات الإغلاق العام لدى الشركاء التجاريين إلى تراجع الواردات.

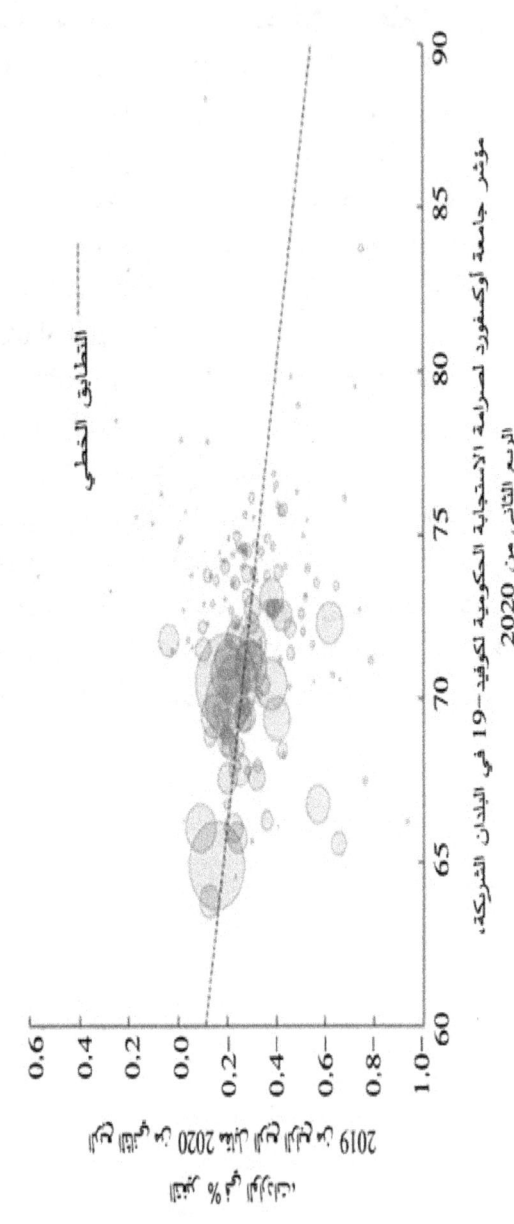

المصادر: دراسة Hale et al. (2021)، وإحصاءات وجهة التجارة الصادرة عن صندوق النقد الدولي، وحسابات خبراء صندوق النقد الدولي.

ملحوظة: تم تصميم مؤشر جامعة أوكسفورد لصرامة الاستجابة الحكومية باستخدام تدفقات الواردات خلال الفترة من الربع الثالث من 2018 إلى الربع الرابع من 2019 كأوزان ترجيحية. ويتناسب حجم الفقاعة لكل بلد مع قيمة وارداتها (بالدولار الأمريكي) في الربع الرابع من 2019. ويعبر الخط المتصل عن التطابق الخطي لنموذج مرجح يقيس انحدار التغير في الواردات خلال الفترة من الربع الرابع من 2019 إلى الربع الثاني من 2020 على مؤشر جامعة أوكسفورد للصرامة في البلدان الشريكة. وتستند الأوزان الترجيحية المستخدمة إلى قيم الواردات (بالدولار الأمريكي) في الربع الرابع من 2019. ويساوي المعامل المقدر –0,015 (إحصائية t = –2,44).

IMF

تكيف سلاسل القيمة العالمية

تؤكد بيانات التجارة ما أشرنا إليه، فبلدان آسيا التي تضررت في وقت مبكر من جائحة كوفيد-19 ونجحت في احتوائها لاحقاً (في الوقت الذي فرضت فيه بلدان أوروبية عديدة قيودا مشددة على الحركة) ارتفع نصيبها السوقي من منتجات سلاسل القيمة العالمية، في منتصف عام 2020، بمقدار 4,6 نقطة مئوية في أوروبا و2,3 نقطة مئوية في أمريكا الشمالية. وكانت هذه المكاسب كبيرة وسريعة قياسا بالمعايير التاريخية، ولكنها تراجعت جزئيا مع نجاح البلدان في التكيف مع الجائحة، مما يشير إلى أن هذه التغيرات كانت مؤقتة على الأرجح.

وبالرغم من تصحيح مسار سلاسل القيمة العالمية، شهدت بعض الصناعات مثل السيارات انقطاعات حادة في الإمدادات، مما يشير إلى ضرورة تعزيز الصلابة، ونحلل فيما يلي خيارين لبناء صلابة سلاسل الإمداد، وهما تنويع المدخلات عبر البلدان، وزيادة قابلية إحلال المدخلات.

تحول مستمر في الأنصبة السوقية

ارتفع نصيب آسيا من سوق منتجات سلاسل القيمة العالمية مع بداية الجائحة، ولكنه يتراجع مجددا، مما يشير إلى أن سلاسل القيمة العالمية تواصل تصحيح مسارها.

المصادر: مؤسسة Trade Data Monitor، وحسابات خبراء صندوق النقد الدولي.

ملحوظة: تُحسب الأنصبة السوقية باستخدام المنتجات فقط ومقارنة بمصنع أوروبا حسبما يرد تعريفه في الفصل.

IMF

تعزيز الصلابة التجارية

من ثم فإن التنويع يساهم بدرجة كبيرة في الحد من الخسائر الاقتصادية العالمية الناجمة عن انقطاع الإمدادات، فعقب انكماش حاد في عرض العمالة (25%) في بلد واحد من كبار الموردين العالميين، ينخفض إجمالي الناتج المحلي في متوسط الاقتصادات بمقدار 0,8% في السيناريو الأساسي، ويتراجع هذا الانخفاض إلى النصف تقريبا في سيناريو زيادة التنويع.

وتساعد زيادة التنويع أيضاً في الحد من التقلبات في حالة تعرض بلدان متعددة لصدمات في الإمدادات، حيث تتراجع تقلبات النمو الاقتصادي في متوسط البلدان بحوالي 5% في هذا السيناريو، غير أن التأثير الوقائي للتنويع لن يكون كافياً إذا تعرضت جميع الاقتصادات لموجة حادة من الانقطاعات في الوقت نفسه، على غرار ما حدث في الشهور الأربعة الأولى من الجائحة.

ويمكن للبلدان تنويع إمداداتها من خلال تعهيد المزيد من عمليات توريد المدخلات الوسيطة لجهات بالخارج، غير أنه يوجد في الوقت الحالي "تحيز" كبير لتعهيد هذه الإمدادات إلى موردين محليين، فالشركات في نصف الكرة الغربي، على سبيل المثال، تحصل على 82% من مدخلاتها الوسيطة من موردين محليين، لذلك سيؤدي نقل جزء من الإنتاج من الخارج إلى الداخل إلى تراجع التنويع بدرجة أكبر.

ويمكن أن تتحقق قابلية الإحلال بطريقين، إما من خلال زيادة مرونة الإنتاج، كما حدث عندما قامت شركة تسلا للسيارات الكهربائية بإدخال تعديلات برمجية على سياراتها لتمكينها من استخدام أشباه موصلات بديلة في ظل أزمة نقص هذه الموصلات، أو من خلال توحيد مواصفات المدخلات على المستوى الدولي، فعلى سبيل المثال، صرحت شركة جنرال موتورز مؤخرا بأنها تعمل مع عدد من موردي أشباه الموصلات لخفض عدد الشرائح

ذات المواصفات الخاصة التي تستخدمها بنسبة 95% إلى ثلاث مجموعات فقط من هذه الموصلات. وستؤدي هذه الخطوة إلى الاستغناء عن مجموعة كبيرة من الشرائح وتجنب التكلفة الناتجة عن الإحلال فيما بينها.

وبالنظر مجددا في سيناريو انكماش عرض العمالة بنسبة 25% في أحد كبار موردي المدخلات الوسيطة، توصلنا إلى أن زيادة قابلية الإحلال تؤدي إلى تراجع خسائر إجمالي الناتج المحلي في جميع البلدان (بخلاف بلد المصدر) بحوالي أربعة أخماس.

الانعكاسات على السياسات

وفي ظل تزايد المخاوف بشأن تجزؤ الاقتصاد العالمي وتشجيع "التوريد من البلدان الصديقة" في أعقاب الحرب في أوكرانيا، يمكن الإشارة إلى إمكانية زيادة الصلابة من خلال تعزيز قابلية إحلال المدخلات وزيادة تنويعها، وبينما سيكون لقرارات الشركات الدور الأهم في تحديد مدى صلابة سلاسل القيمة العالمية مستقبلا، يمكن أن تساعد السياسات الحكومية في هذا الصدد من خلال إتاحة البيئة الداعمة وخفض التكاليف.

ويمثل تطوير البنية التحتية أحد المجالات المهمة في هذا الصدد بالطبع، فقد اتضح من الجائحة مدى أهمية استثمارات البنية التحتية ببعض المجالات في التخفيف من انقطاعات الإمداد المرتبطة بالخدمات اللوجستية في القطاع التجاري. فعلى سبيل المثال، يساعد تطوير وتحديث البنية التحتية للموانئ الواقعة على مسارات السفن العالمية الرئيسية في الحد من نقاط الاختناق البحرية حول العالم، كذلك يمكن تطوير البنية التحتية الرقمية لتسهيل العمل من بعد، مما يساعد أيضا في الحد من انتقال التداعيات إلى البلدان الأخرى.

ويمكن أن تساعد الحكومات أيضا في إتاحة المعلومات على نطاق أوسع بحيث يمكن للشركات اتخاذ قرارات استراتيجية أكثر كفاءة، فعلى سبيل المثال، تعمل مصانع السيارات بصورة مباشرة مع حوالي 250 مورد رئيسي في المتوسط، ويرتفع هذا العدد إلى 18 ألف مورد في سلسلة القيمة ككل، لذلك يمكن تحسين إمكانية الحصول على المعلومات الخاصة بالمعاملات بين الشركات وشبكات سلاسل الإمداد، بما في ذلك من خلال رقمنة سجلات الشركات، كالإقرارات الضريبية على سبيل المثال، وهو أمر مفيد لا سيما بالنسبة للشركات الأصغر حجما ذات الموارد المحدودة.

وأخيرا، يساعد خفض تكلفة التجارة في تنويع المدخلات. وهناك فرصة للحد من الحواجز غير الجمركية، مما سيساهم في إعطاء دفعة قوية للاقتصاد على المدى المتوسط، ولا سيما في الأسواق الصاعدة والبلدان النامية منخفضة الدخل، ومما سيساعد أيضا في زيادة التنويع الحد من عدم اليقين بشأن السياسات التجارية وإرساء نظام سياسات تجارية منفتح ومستقر وقائم على القواعد.

نمو الناتج المحلي

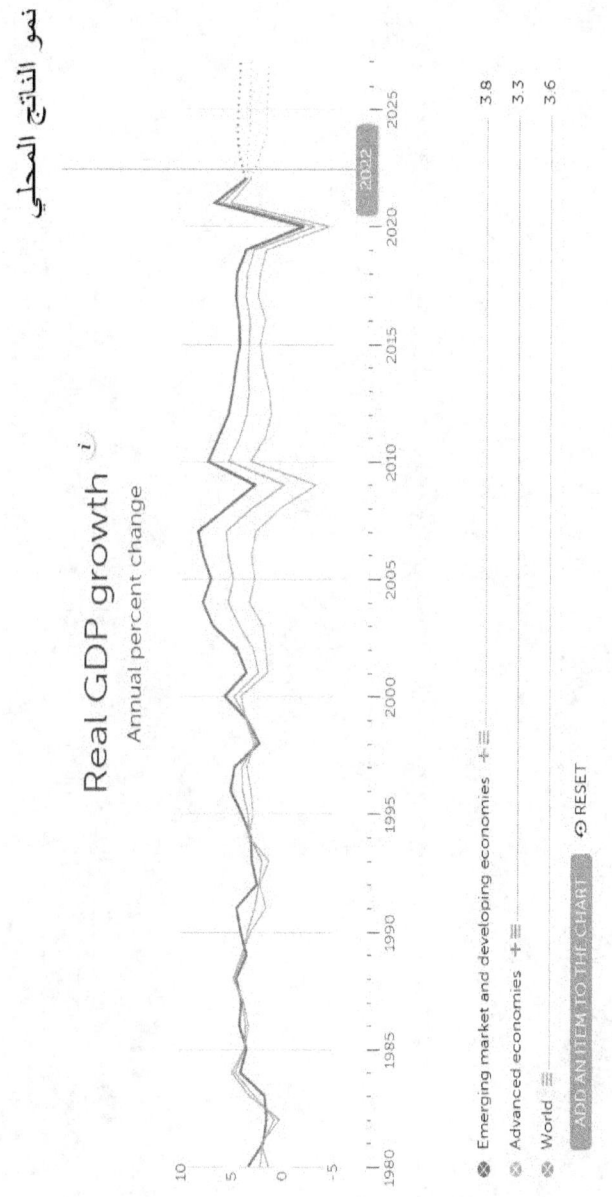

Real GDP growth ⓘ
Annual percent change

⊗ Emerging market and developing economies +☰   3.8
⊗ Advanced economies +☰   3.3
⊗ World   3.6

ADD AN ITEM TO THE CHART   ↻ RESET

آفاق الاقتصاد العالمي، ابريل ٢٠٢٢
توقعات النمو حسب المنطقة
(التغير ٪)
العالم
٦,١ ٣,٦ ٣,٦
٢٠٢١ ٢٠٢٢ ٢٠٢٣
(نمو إجمالي الناتج المحلي الحقيقي، التغير ٪)
الولايات المتحدة
٥,٧ ٣,٧ ٢,٣
منطقة اليورو
٥,٣ ٢,٨ ٢,٣
الشرق الأوسط وآسيا الوسطى
٥,٧ ٤,٦ ٣,٧
آسيا الصاعدة والنامية
٧,٣ ٥,٤ ٥,٦
أمريكا اللاتينية والكاريبي
٦,٨ ٢,٥ ٢,٥
أفريقيا جنوب الصحراء
٤,٥ ٣,٨ ٤,٠
المصدر: صندوق النقد الدولي، تقرير آفاق الاقتصاد العالمي، ابريل ٢٠٢٢
IMF.org/social

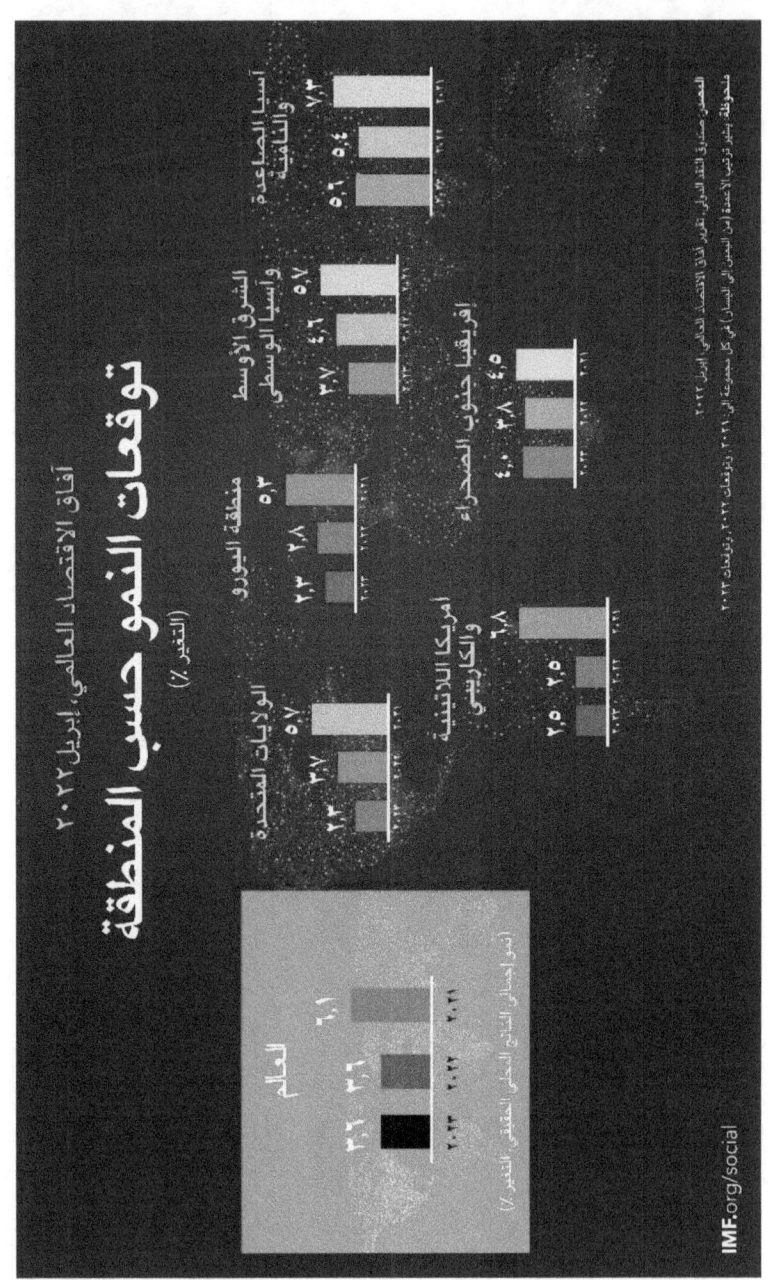

آفاق الاقتصاد العالمي، إبريل ٢٠٢٢
توقعات النمو
الاقتصاد العالمي
٣,٦
٣,٦
٦,١
٢٠٢٣
٢٠٢٢
٢٠٢١
الاقتصادات المتقدمة
٢,٤
٣,٣
٥,٢
٢٠٢٣
٢٠٢٢
٢٠٢١
اقتصادات الأسواق الصاعدة والاقتصادات النامية
٤,٤
٣,٨
٦,٨
٢٠٢٣
٢٠٢٢
٢٠٢١
#آفاق_الاقتصاد_العالمي IMF.org
صندوق النقد الدولي

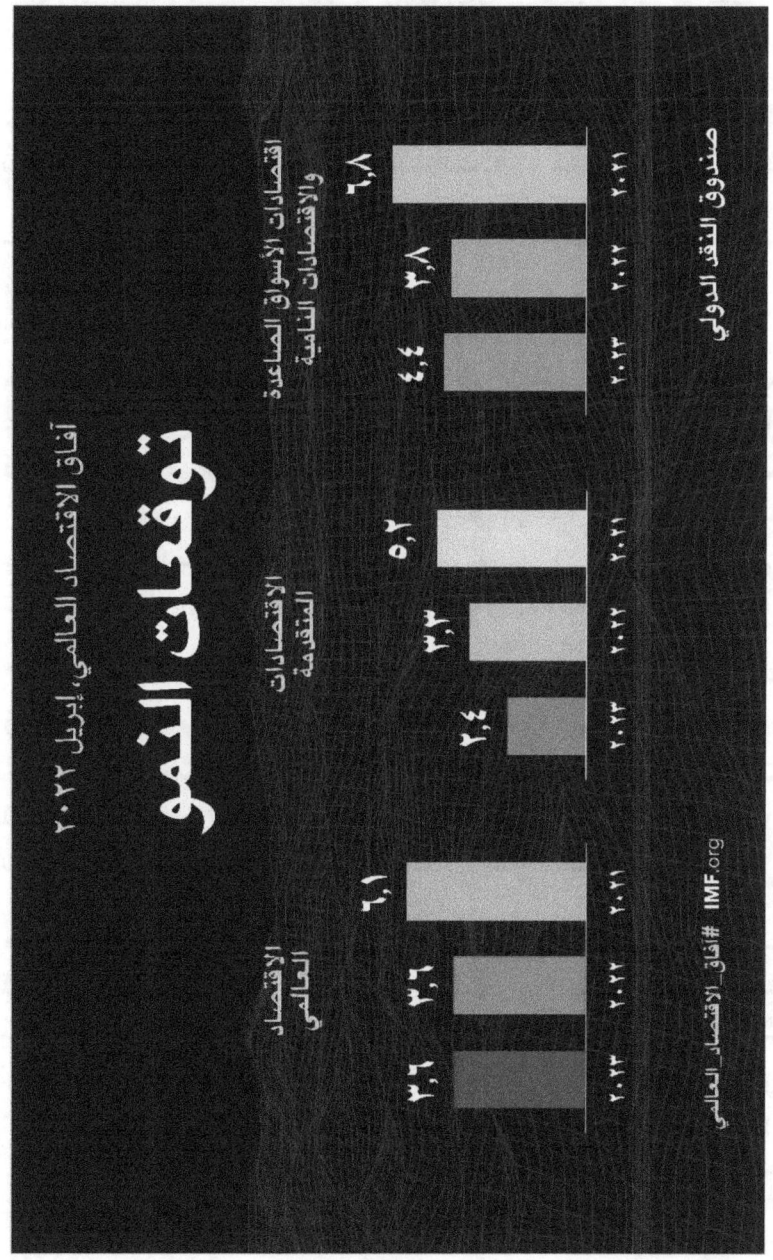

أصداء بعيدة وواسعة لتداعيات الحرب تزيد من وطأة الضغوط السعرية وتفاقم التحديات الملموسة على مستوى السياسات

آفاق الاقتصاد العالمي تشهد انتكاسة حادة، وهو ما يرجع أساسا إلى الغزو الروسي لأوكرانيا.

وتتكشف تطورات هذه الأزمة في الوقت الذي لم يتعاف فيه الاقتصاد العالمي من الجائحة بشكل كامل بعد، وحتى قبل اندلاع الحرب، استمر ارتفاع معدلات التضخم في العديد من البلدان نتيجة اختلالات العرض والطلب ودعم السياسات أثناء الجائحة من خلال التوسع المفرط غير المحدود في التمويل التضخمي وطباعة وإصدار النقود، لاسيما الدولار الأمريكي، مما أدى إلى تشديد السياسات النقدية، ويمكن أن تتسبب تدابير الإغلاق العام التي أعلنتها الصين مؤخرا في موجة جديدة من الاختناقات في سلاسل الإمداد العالمية.

وفي هذا السياق، وبخلاف التداعيات الإنسانية المباشرة والفادحة للحرب، فإنها ستؤدي إلى إبطاء النمو الاقتصادي ورفع معدلات التضخم. وشهد الاقتصاد ارتفاعا حادا في مستويات المخاطر عموما، وازدادت صعوبة المفاضلة بين السياسات.

ومقارنة بالتنبؤات الصادرة في شهر يناير، تم تخفيض توقعات النمو العالمي إلى 3,6% لعامي 2022 و2023، ويعكس ذلك التأثير المباشر للحرب على أوكرانيا والعقوبات على روسيا، حيث يُتوقع أن يشهد كلا البلدين انكماشا حادة في معدلات النمو. وفي الاتحاد الأوروبي، تم تخفيض توقعات النمو للعام الجاري بمقدار 1,1 نقطة مئوية نتيجة الآثار غير المباشرة للحرب، مما يجعله ثاني أكبر مساهم في تخفيض التوقعات الكلية.

اختلال مسار النمو بفعل الحرب

تم تخفيض توقعات النمو العالمي لعامي ٢٠٢٢ و٢٠٢٣، وهو ما يرجع أساسا إلى تداعيات الحرب في أوكرانيا.

نمو إجمالي الناتج المحلي الحقيقي، ٢٠٢٢
(%، على أساس سنوي مقارن)

مجموع التعديلات السنوية
(بالنقاط المئوية، مقارنة بعدد يناير ٢٠٢٢ من تقرير آفاق الاقتصاد العالمي)

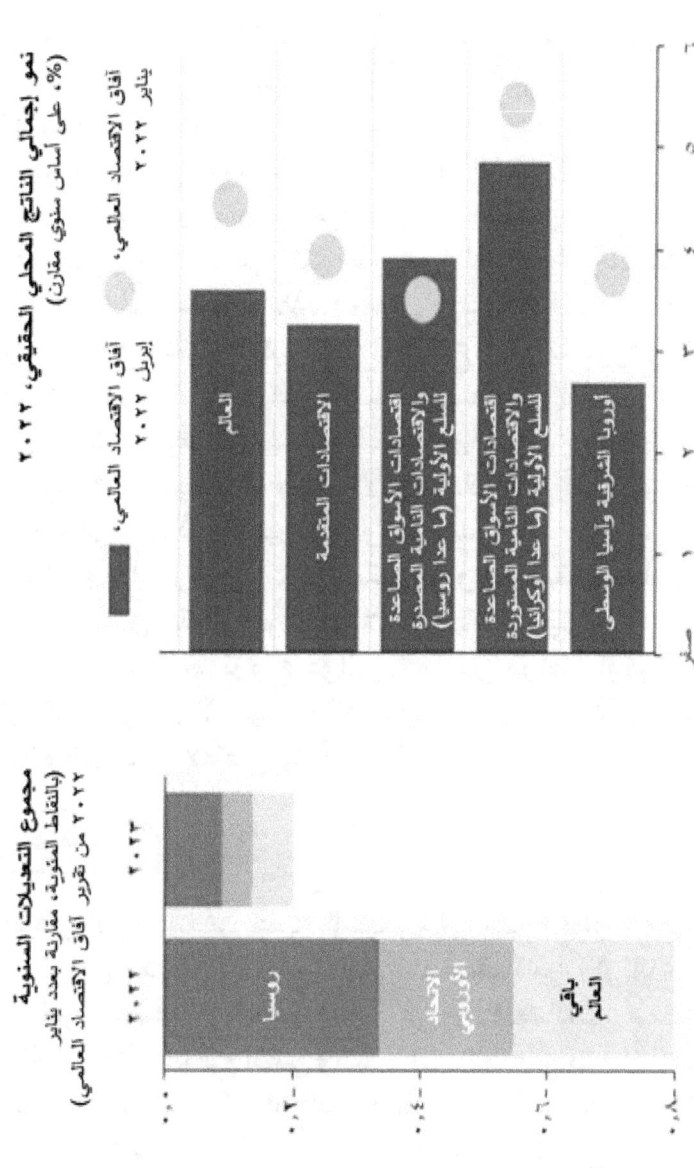

المصادر: تقرير *آفاق الاقتصاد العالمي* الصادر عن صندوق النقد الدولي، وحسابات خبراء صندوق النقد الدولي.

IMF

وتتسبب الحرب في تفاقم سلسلة صدمات الإمداد التي لحقت بالاقتصاد العالمي في السنوات الأخيرة، فعلى غرار الموجات الارتجاجية الناتجة عن الزلازل، ستنتشر آثار هذه الصدمات على مدى بعيد ونطاق واسع، من خلال أسواق السلع الأولية والتجارة والروابط المالية، فروسيا من كبار موردي النفط والغاز والمعادن، كما تعد هي وأوكرانيا من كبار موردي القمح والذرة، لذلك فقد أدى التراجع في إمدادات هذه السلع الأولية إلى ارتفاع حاد في أسعارها، ويقع التأثير الأكبر لهذا الارتفاع على مستوردي السلع الأولية في أوروبا، والقوقاز وآسيا الوسطى، والشرق الأوسط وشمال إفريقيا، وإفريقيا جنوب الصحراء. غير أن ارتفاع أسعار الغذاء والوقود سيضر بالأسر الأقل دخلا على مستوى العالم أجمع، بما في ذلك في الأميركتين وباقي آسيا.

وترتبط أوروبا الشرقية وآسيا الوسطى بروابط ضخمة مباشرة مع روسيا من خلال التجارة والتحويلات، وبالتالي يُتوقع أن تطالها المعاناة. كذلك سيؤدي نزوح حوالي 5 ملايين مواطن أوكراني إلى البلدان المجاورة، ولا سيما بولندا ورومانيا ومولدوفا وهنغاريا، إلى تفاقم الضغوط الاقتصادية في المنطقة.

تفاقم الضغوط

تم تخفيض التوقعات في جميع المجموعات على المدى المتوسط، ما عدا البلدان المصدرة للسلع الأولية المستفيدة من الارتفاع الحاد في أسعار الطاقة والغذاء، أما في الاقتصادات المتقدمة، فسيستغرق تعافي الناتج الكلي وصولاً إلى اتجاهات ما قبل الجائحة وقتا أطول، ويُتوقع استمرار التباعد الذي شهدناه منذ عام 2021 بين الاقتصادات المتقدمة واقتصادات الأسواق الصاعدة والاقتصادات النامية، مما يشير إلى وجود بعض الندوب المزمنة التي خلفتها الجائحة.

ندوب مزمنة

يُتوقع استمرار التباعد بين الاقتصادات المتقدمة واقتصادات الأسواق الصاعدة والاقتصادات النامية على المدى المتوسط.

(الانحراف % عن تنبؤات عدد يناير ٢٠٢٠ من تقرير آفاق الاقتصاد العالمي)

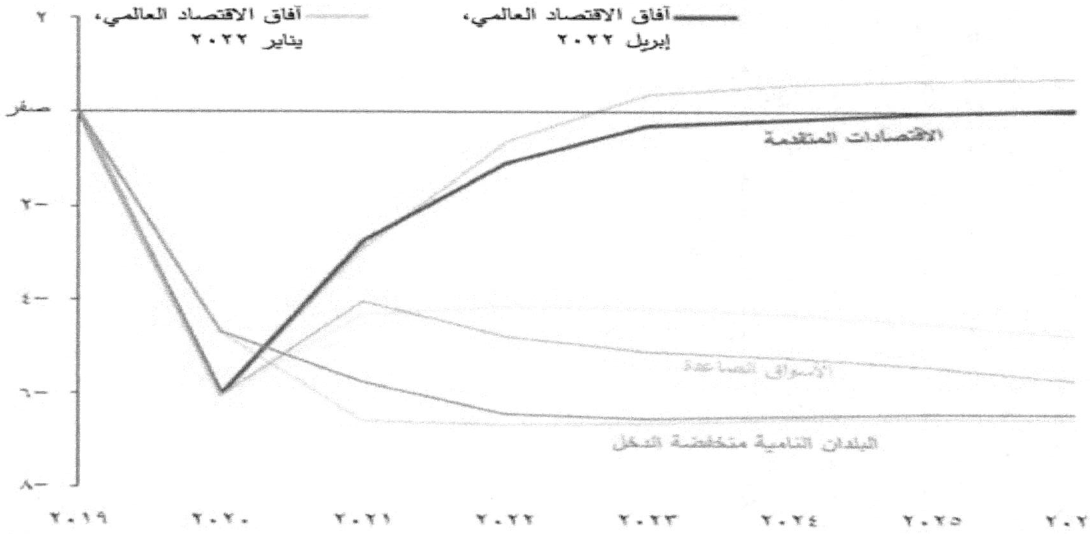

المصادر: تقرير *آفاق الاقتصاد العالمي* الصادر عن صندوق النقد الدولي، وحسابات خبراء صندوق النقد الدولي.

IMF

وأصبح التضخم يشكل خطراً واضحاً وحاضراً في بلدان عديدة، وحتى قبل اندلاع الحرب، سجلت معدلات التضخم ارتفاعاً حاداً نتيجة زيادة أسعار السلع الأولية واختلالات العرض والطلب، فضلاً عن التوسع في الإصدار النقدي للعملات، واتجهت بنوك مركزية كثيرة، مثل الاحتياطي الفيدرالي، إلى تشديد سياساتها النقدية بالفعل، وتساهم الانقطاعات الناجمة عن الحرب في تفاقم هذه الضغوط، ونتوقع حالياً استمرار معدلات التضخم المرتفعة لفترة أطول كثيراً، وفي الولايات المتحدة وعدد من البلدان الأوروبية، بلغ التضخم أعلى مستوياته على الإطلاق خلال 40 عاما بالتزامن مع تشديد أسواق العمل.

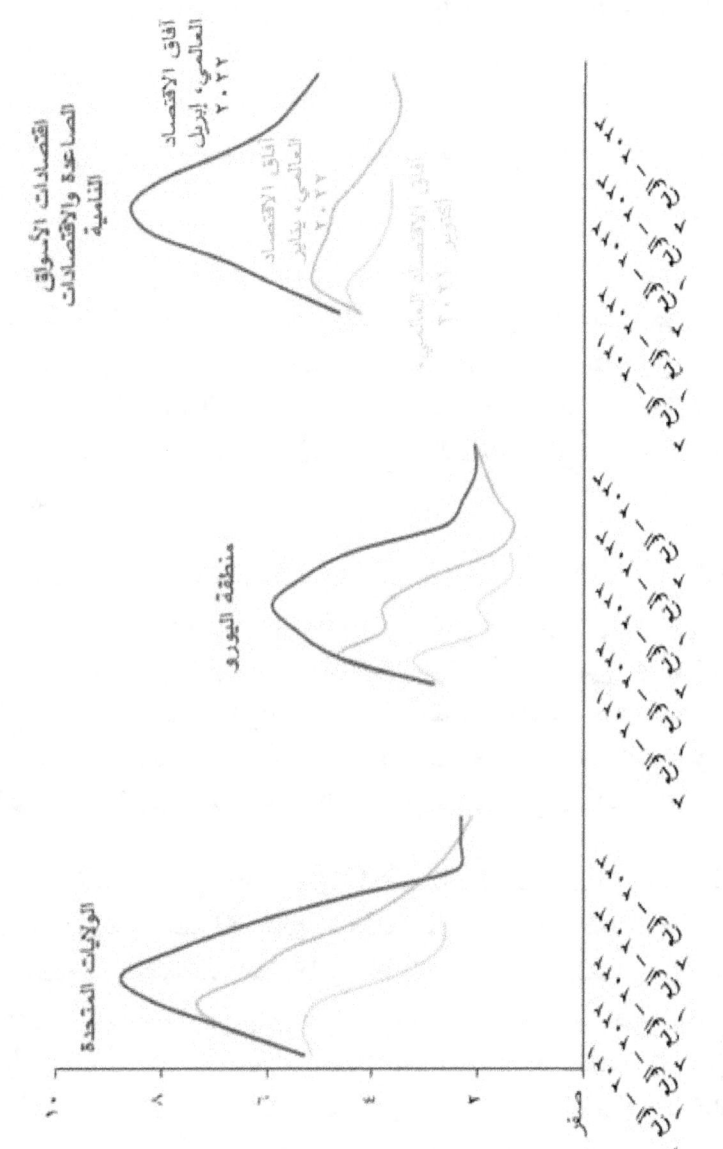

تضخم مستمر

تم رفع توقعات التضخم الكلي ويتوقع أن تظل كذلك لفترة أطول.

(%، على أساس سنوي مقارن)

المصادر: تقرير *آفاق الاقتصاد العالمي* الصادر عن صندوق النقد الدولي، وحسابات خبراء صندوق النقد الدولي.

IMF

وتتزايد حاليا احتمالات انحراف توقعات التضخم عن الأهداف التي حددتها البنوك المركزية، مما سيؤدي إلى استجابة أكثر تشدداً من جانب صناع السياسات، كذلك قد يؤدي ارتفاع أسعار الغذاء والوقود إلى زيادة ملحوظة في حجم القلاقل الاجتماعية المحتملة في البلدان الأكثر فقرا.

ففي أعقاب الغزو مباشرة، شهدت اقتصادات الأسواق الصاعدة والاقتصادات النامية تشديدا في الأوضاع المالية، وكانت إجراءات إعادة التسعير متوازنة في معظم الأحوال حتى الآن، غير أن بعض مخاطر الهشاشة المالية لا تزال حاضرة، مما يزيد من احتمالات التشديد الحاد للأوضاع المالية العالمية وخروج التدفقات الرأسمالية.

وعلى صعيد المالية العامة، كانت الجائحة قد أدت بالفعل إلى تآكل الحيز المتاح من خلال السياسات في كثير من البلدان، وكان من المتوقع الاستمرار في سحب الدعم المالي الاستثنائي، وسيؤدي ارتفاع أسعار السلع الأولية وزيادة أسعار الفائدة العالمية إلى تقليص الحيز المالي بدرجة أكبر، ولا سيما في اقتصادات الأسواق الصاعدة والاقتصادات النامية المستوردة للنفط والغذاء.

كذلك تزيد الحرب من خطر تجزؤ الاقتصاد العالمي بشكل دائم إلى كتل جغرافية-سياسية لكل منها معايير تكنولوجية ونظم مدفوعات عبر الحدود وعملات احتياطي خاصة بها. وسينشأ عن هذا ''التحول الهيكلي'' تراجع في مستويات الكفاءة على المدى الطويل والمزيد من التقلبات، فضلا عن أنه يفرض تحديات كبيرة أمام الإطار القائم على القواعد الذي ساهم في تنظيم العلاقات الدولية والاقتصادية على مدار الخمسة والسبعين عاما الماضية.

أولويات السياسات

تحيط بهذه التوقعات درجة كبيرة من عدم اليقين تتجاوز النطاق المعتاد، فمن الممكن أن يزداد تباطؤ النمو بينما يتجاوز التضخم توقعاتنا إذا ما امتدت العقوبات إلى صادرات الطاقة الروسية على سبيل المثال، وقد يؤدي استمرار انتشار الفيروس إلى ظهور سلالات أكثر فتكا بمقدورها مقاومة التطعيمات، مما قد يتسبب في موجة جديدة من تدابير الإغلاق العام وانقطاعات الإنتاج، وفي ظل هذه الأوضاع الصعبة، تكتسب السياسات الوطنية والجهود متعددة الأطراف دوراً مهماً، وسيتعين على البنوك المركزية تعديل سياساتها بشكل حاسم لضمان استمرار ثبات التوقعات التضخمية على المدى المتوسط والطويل، وسيكون من الضروري التواصل بشكل واضح وإعلان إرشادات استشرافية حول آفاق السياسة النقدية للحد قدر الإمكان من خطر التصحيحات المربكة.

وسيتعين على عدة اقتصادات ضبط أرصدتها المالية، غير أنه ينبغي ألا يحول ذلك دون توفير دعم حكومي موجه بدقة للفئات السكانية المعرضة للمخاطر، ولا سيما في ظل ارتفاع أسعار الطاقة والغذاء، ويمكن تنفيذ هذه الجهود من خلال إطار متوسط الأجل يتضمن مسارا واضحا وموثوقا نحو استقرار الدين العام، وهو ما قد يساعد في إتاحة الحيز اللازم لتقديم الدعم المطلوب.

وحتى مع تركيز صناع السياسات على التخفيف من آثار الحرب والجائحة، فهناك أهداف أخرى تتطلب اهتمامهم.

وتتمثل الأولوية الأهم على الإطلاق في إنهاء الحرب.

وعلى صعيد المناخ، يتعين سد الفجوة بين المطامح المعلنة والتحركات الفعلية على مستوى السياسات، وقد يمثل وضع حد أدنى دولي لسعر الكربون حسب مستويات الدخل في مختلف البلدان وسيلةً لتنسيق الجهود الوطنية الهادفة إلى الحد من مخاطر أحداث المناخ الكارثية، ومن المهم أيضا ضرورة ضمان قدرة

جميع البلدان على الوصول العادل إلى مجموعة شاملة من وسائل التصدي لكوفيد-19 لاحتواء الفيروس ومواجهة الأولويات الصحية الأخرى على الصعيد العالمي، ويظل التعاون متعدد الأطراف عاملا أساسيا لدفع هذه الأهداف قُدما.

كذلك ينبغي أن يضمن صناع السياسات فعالية شبكة الأمان المالي العالمية. وبالنسبة لبعض البلدان، سيعني ذلك ضمان الحصول على سيولة كافية للتغلب على صعوبات إعادة التمويل على المدى القصير. غير أنه سيتعين على بلدان أخرى تصميم نهج شامل لإعادة هيكلة الدين السيادي. ويتضمن الإطار المشترك لمعالجة الديون الذي وضعته مجموعة العشرين إرشادات حول إعادة الهيكلة، وإن كان لم يتم تنفيذه حتى الآن، ويعد غياب إطار فعال وسريع بمثابة صدع في النظام المالي العالمي، وينبغي أيضا التركيز بوجه خاص على الاستقرار الكلي للنظام الاقتصادي العالمي للتأكد من عدم تفكك الإطار متعدد الأطراف الذي ساهم في تحرير مئات الملايين من براثن الفقر.

وتوجد تفاعلات معقدة بين هذه المخاطر والسياسات عبر مختلف الآفاق الزمنية، فارتفاع أسعار الفائدة والحاجة إلى حماية الفئات السكانية المعرضة للمخاطر في مواجهة ارتفاع أسعار الغذاء والطاقة يجعلان الحفاظ على استدامة المالية العامة أشد صعوبة، ويؤدي تآكل الحيز المالي بدوره إلى زيادة صعوبة الاستثمار في التحول المناخي، في حين أن إرجاء التعامل مع أزمة المناخ يجعل الاقتصادات أكثر عرضة لمخاطر صدمات أسعار السلع الأولية، مما يؤدي إلى تضخم الأسعار وزعزعة الاستقرار الاقتصادي، وتتسبب حالة التشتت في الجغرافيا السياسية في اشتداد وطأة هذه التفضيلات، مما يزيد من خطر الصراع والتقلبات الاقتصادية وتراجع الكفاءة ككل، وفي غضون أسابيع قليلة، شهد العالم صدمة كبيرة مجددا، فبمجرد أن بدأت ملامح التعافي الدائم من الجائحة تلوح في الأفق، اندلعت الحرب منذرةً بالقضاء على المكاسب التي أمكن تحقيقها مؤخرا، وهكذا فإن التحديات العديدة التي نواجها تقتضي اتخاذ إجراءات ملائمة ومنسقة على صعيد السياسات على

المستويين الوطني ومتعدد الأطراف للحيلولة دون تدهور النتائج وتحسين الآفاق الاقتصادية للجميع.

اختلال التوازن في ميزان المدفوعات

- انواع العجز في ميزان المدفوعات

<u>العجز المؤقت</u> = العجز المرتبط ببعض الظروف الاقتصادية قصيرة الاجل مثل عجز ميزان المدفوعات في الدول الصناعية بسبب الاضرابات العمالية في الصناعات التصديرية.

<u>العجز الدائم</u>= ويكون العجز دائم إذا استمر لعدد من السنوات بسبب الظروف الاقتصادية غير الملائمة التي تسيطر على النشاط الاقتصادي، ويظهر العجز الدائم في موازين مدفوعات الدول النامية التي تعاني من بطيء النمو في الصادرات.

<u>العجز المستمر</u>= يظهر في الد ول المتقدمة بسبب بعض الازمات الاقتصادية الداخلية التي تستمر لعدد من السنوات مثل ظروف التضخم الجامح والفشل في معالجته سنة بعد أخرى.

- أنواع الفائض في ميزان المدفوعات

<u>الفائض المؤقت</u> = ويظهر في موازين مدفوعات الدول التي تسيطر عليها الاوضاع الاقتصادية غير الملائمة مثل الظروف الطارئة أو اتباع الحكومة سياسات اقتصادية عامدة لخفض الواردات.

<u>الفائض المستمر</u>= ويكون الفائض مستمر إذا تكرر حدوثه لعدد من السنوات وكان مرتبطا بقوة النشاط الاقتصادي الداخلي للدولة.

- نتائج اختلال ميزان المدفوعات

أولا: نتائج العجز في ميزان المدفوعات

يتم تسوية عجز ميزان المدفوعات عن طريق خروج الذهب النقدي أو نقص الأصول الأجنبية التي يمتلكها المواطنون وهذا يعنى أن العجز يؤدى إلى تدهور مركز الاحتياطيات الدولية لدى البلد مما يؤدى إلى أن يصل البلد صاحب العجز المستمر إلى وضع لا يستطيع بعده أن يقلل من احتياطاته الدولية مما يضطره إلى اتخاذ إجراءات استثنائية لتقييد وارداته من الخارج.

ثانيا: نتائج الفائض في ميزان المدفوعات

يؤدى الفائض في ميزان المدفوعات إلى تحسين مركز الاحتياطيات الدولية لدى البلد ولكن استمرار الفائض في ميزان المدفوعات لفترة طويلة ليست بالظاهرة الصحية لأن استمرار تراكم الاحتياطيات الدولية فوق المستوى المرغوب يثير العديد من المشاكل منها:

✓تجميد جزء من الدخل القومي في صورة أصول عاطلة لا تدر دخل (الذهب النقدي)

✓انخفاض قدرة البلاد الأجنبية على التعامل معه فتقيد علاقتها التجارية مع الدولة ذات الفائض.

≻البلد ذات الفائض تعمل على منح مساعدات وقروض للدول الاجنبية حتى تستمر في تعاملها معه.

≻البلد ذات الفائض تعمل على رفع قيمة العملة الوطنية = ارتفاع اسعار الصادرات + انخفاض أسعار الواردات فتقل الصادرات وتزيد الواردات مما يقلل من الفائض في ميزان المدفوعات.

خامساً: التضخم العالمي بين العَرض والمَرض

مقدمة

إن السياسات الاقتصادية لمكافحة الأثر التضخمي على ميزانية الأسرة، تتطلب أولاً الوصف الدقيق لأسباب التضخم المحقق داخل الدولة، فضلاً عن أهمية تحديد أنواع التضخم المستهدف مواجهته وفق السياسات الاقتصادية المتعارف عليها بأدبيات علم الاقتصاد الكلي.

ومن الأهمية بمكان الوقوف على مفهوم الركود التضخمي، بوصفه معضلة اقتصادية، تواجه فاعلية عمل السياسة الاقتصادية لمواجهته، حيث تتعارض هنا أثر أدوات السياسة الاقتصادية في علاج فجوتين اقتصاديتين متعارضتين من حيث إثر السياسة المتبعة.

ونشير هنا إلى استحالة دراسة الأثر التضخمي بمعزل عن معدل تطور الانفاق الكلي، وتطور متوسط نصيب الفرد من الدخل المتاح للتصرف، الأمر الذي يُلح بحثياً نحو ضرورة تصميم النموذج التقليدي لدوال الطلب والعرض الكليين، لدراسة أثر مضاعف الناتج المحلي الإجمالي على علاج فجوتي الركود والتضخم، وكذلك مناقشة أثر السياسات المالية والنقدية والتجارية على مسار تناول معضلة الركود التضخمي.

والجدير بالذكر أنه بعد مراجعة مؤشر الرقم القياسي لأسعار المستهلك (CPI)، فإنه لا يمكن الارتكاز عليه في قياس حجم الفجوة، فضلاً عن أن الأوزان النسبية لسلة السلع والخدمات، قد غاب عنها مجموعة من اعتبارات وتأثير ما بعد (الحصار – الضريبة الانتقائية – جائحة كورونا 19 – ارتفاع أسعار الطاقة – التغير المناخي – الصراع التجاري بين الصين وأمريكا – التوترات

السياسية للمضايق البحرية – طبيعة أفاق الاقتصاد العالمي المريض – ارتفاع معدلات التضخم العالمية USA + – سعر الصرف الثابت وهيكل الواردات – التضخم المستورد – التركز القطاعي – الممارسات الاحتكارية – عدم الانتهاء من أعمال البنية التحتية – سياسة الميزانية 2020/2021 – انخفاض الانفاق الكلي بالمجتمع - ......).

وعليه فإن بداية مواجهة التضخم المضطرد تبدأ في الأساس من منهجية متعددة المتغيرات، تأخذ بالاعتبار نوع وأسباب التضخم وحجمه، استناداً للقياس السنوي لمعدلات تطوره، فضلا عن تحديد الجدول الزمني المتعاقب ما بين الركود والتضخم.

ومن الأهمية بمكان الإشارة إلى فترات ابطاء اتخاذ القرار، ذو الطبيعة الاقتصادية، والتي تتمثل في فترين رئيسيتين، الأولى فترة اكتشاف المشكلة ودراساتها وعرض نتائجها على متخذ القرار، والثانية تتمثل في فترة اتخاذ القرار وتحقيق النتائج المستهدفة من تنفيذ هذا القرار.

ومن المتوقع أن ما يواجه الاقتصاد هو فجوتين كالتالى:

- فجوة ركود بالنشاط الاقتصادي سببها انخفاض حجم الإنفاق الكلي بالمجتمع.
- فجوة تضخم بسب التكلفة، سببها ارتفاع عوائد عناصر الإنتاج (تكاليف الإنتاج) محلياً وعالمياً.

ومن ثم نقترح تحديداً دقيقاً للسياسات الاقتصادية المتوازية لمكافحة الركود التضخمي العميق بالاقتصاد.

ظاهر التضخم العالمي (التحول إلى معضلة الركود التضخمي)

التضخم الاقتصادي

لا يوجد اتفاق بين الاقتصاديين بشأن تعريفه ويرجع ذلك إلى انقسام الرأي حول تحديد مفهوم التضخم حيث يستخدم هذا الاصطلاح لوصف عدد من الحالات المختلفة مثل:

1. الارتفاع المفرط في المستوى العام للأسعار.
2. تضخم الدخل النقدي أو عنصر من عناصر الدخل النقدي مثل الأجور أو الأرباح.
3. ارتفاع التكاليف.
4. الإفراط في خلق الأرصدة النقدية.

ليس من الضروري أن تتحرك هذه الظواهر المختلفة في اتجاه واحد وفي وقت واحد، بمعنى أنه من الممكن أن يحدث ارتفاع في الأسعار دون أن يصحبه ارتفاع في الدخل النقدي، كما أنّه من الممكن أن يحدث ارتفاع في التكاليف دون أن يصحبه ارتفاع في الأرباح، ومن المحتمل أن يحدث إفراط في خلق النقود دون أن يصحبه ارتفاع في الأسعار أو الدخول النقدية، وبعبارة أخرى فإن الظواهر المختلفة التي يمكن أن يطلق على كل منها "التضخم" هي ظواهر مستقلة عن بعضها بعضاً إلى حد ما وهذا الاستقلال هو الذي يثير الإرباك في تحديد مفهوم التضخم.

ويميز اصطلاح التضخم بالظاهرة التي يطلق عليها وبذلك تتكون مجموعة من الاصطلاحات وتشمل:

- تضخم الأسعار: أي الارتفاع المفرط في الأسعار.

- تضخم الدخل : أي ارتفاع الدخول النقدية مثل تضخم الأجور وتضخم الأرباح.
- تضخم التكاليف: أي ارتفاع التكاليف.
- التضخم النقدي: أي الإفراط في إصدار العملة النقدية.
- تضخم الائتمان المصرفي: أي التضخم في الائتمان.

يمكن تعريف التضخم بأنه الارتفاع المستمر في المستوى العام للأسعار في اقتصاد دولة ما. ومن هنا يمكن ملاحظة أن:

- المستوى العام للأسعار هو متوسط أسعار السلع والخدمات المستهلكة في الاقتصاد خلال سنة معينة، ويتم استخدام رقم قياسي موحد لمتوسط أسعار السلع والخدمات باستخدام أسعار المستهلكين أو أسعار المنتجين.

- التضخم عبارة عن ارتفاع مستمر ومؤثر في المستوى العام للأسعار وبالتالي فإن الزيادة المؤقتة لا تعتبر تضخماً، ويجب ملاحظة أن التضخم يعمل على تقليل القوة الشرائية للأفراد (كمية السلع والخدمات التي يمكن شرائها في حدود الدخل المتاح حيث إن التضخم يمثل ارتفاع مستمر في أسعار السلع والخدمات) .

سمات ظاهرة التضخم

من أبرز سمات ظاهرة التضخم

- نتاج لعوامل اقتصادية متعددة، قد تكون متعارضة فيما بينها، فالتضخم ظاهرة مركبة ومتعددة الأبعاد.
- نتاج اختلال العلاقات السعرية بين أسعار السلع والخدمات من ناحية، وبين أسعار (عوائد) عناصر الإنتاج (مستوى

الأرباح والأجور وتكاليف المنتج) من ناحية أخرى، مما يترتب عليه دائماً انخفاض في قيمة العملة مقابل أسعار السلع والخدمات، والذي يعبر عنه بـ "انخفاض القوة الشرائية"

أنواع التضخم

- **التضخم الأصيل** :يتحقق هذا النوع من التضخم حين لا يقابل الزيادة في الطلب الكلي زيادة في معدّلات الإنتاج مما ينعكس أثره في ارتفاع الأسعار.
- **التضخم الزاحف** :يتسم هذا النوع من أنواع التضخم بارتفاع بطيء في الأسعار، وهذا النوع من التضخم يحصل عندما يزداد الطلب بينما العرض أو الإنتاج ثابت (مستقر) فيؤدي إلى ارتفاع في الأسعار بحيث يرتفع مستوى الأسعار بشكل طبيعي إلى 10%.
- **التضخم المكبوت** :وهي حالة يتم خلالها منع الأسعار من الارتفاع من خلال سياسات تتمثل بوضع ضوابط وقيود تحول دون اتفاق كلي وارتفاع الأسعار.
- **التضخم المفرط** :وهي حالة ارتفاع معدلات التضخم بمعدلات مضطردة يترافق معها ظاهر تباطؤ النمو أو الركود للنشاط الاقتصادي، وقد يؤدي هذا النوع من التضخم إلى نتائج كارثية على الصعيد الاقتصادي و الاجتماعي، كما حصل في كل من ألمانيا بين عامي 1921 و1923 م إبان فترة حكم جمهورية فايمار.

> ## أسباب التضخم

ينشأ التضخم بفعل عوامل اقتصادية مختلفة ومن أبرز هذه الأسباب:

- **تضخم ناشئ عن التكاليف:** ينشأ هذا النوع من التضخم بسبب ارتفاع التكاليف التشغيلية في الشركات الصناعية أو غير الصناعية، كمساهمة إدارات الشركات في رفع رواتب وأجور منتسبيها من العاملين ولاسيما الذين يعملون في المواقع الإنتاجية والذي يأتي بسبب مطالبة العاملين برفع الأجور، أو ارتفاع أسعار الطاقة اللازمة للتشغيل، أو ما ترتب على جائحة كورونا من اغلاقات وحجر صحي، وارتفاع تكلفة (عوائد) عناصر الإنتاج، فضلاً عن الكوارث الطبيعية وتأكل الناتج المحلي الإجمالي العالمي، ومن الأهمية مكان الإشارة إلى تأثير انخفاض (30%-) من انتاج اشباه الموصلات (الرقائق الالكترونية)، مما ترتب عليه نقص المعروض من كل ما هو الكتروني يتمتع بذكاء صناعي، ومن ثم ارتفاع سعره عالمياً، ومن ثم استيراد التضخم في صورة سلع مرتفعة الأسعار، والجدير بالذكر أيضاً ارتفاع تكلفة الشحن والتأمين، مع نقص المعروض من الحاويات (30%).

- **تضخم ناشئ عن الطلب:** ينشأ هذا النوع من التضخم عن زيادة حجم الطلب النقدي والذي

يصاحبه عرض ثابت من السلع والخدمات، إذ أن ارتفاع الطلب الكلي لا يقابله زيادة في الإنتاج، مما يؤدي إلى ارتفاع الأسعار.

- <u>تضخم حاصل من تغييرات كلية في تركيب الطلب الكلي في الاقتصاد أو تغيرات في الطلب النقدي</u> حتى لو كان هذا الطلب مفرطاً أو لم يكن هناك تركز اقتصادي إذ أن الأسعار تكون قابلة للارتفاع وغير قابلة للانخفاض رغم انخفاض الطلب.

- <u>تضخم ناشئ عن ممارسة الحصار الاقتصادي تجاه دول أخرى،</u> تمارس من قبل قوى خارجية، كما حصل للعراق وكوبا من قِبل أمريكا ونتيجة لذلك يَنعدم الاستيراد والتصدير في حالة الحصار الكلي مما يؤدي إلى ارتفاع معدلات التضخم وبالتالي انخفاض قيمة العملة الوطنية وارتفاع الأسعار ، بنسب متفاوتة على حسب قدرة الاقتصاد على مواجهة تداعيات الحصار.

- زيادة الفوائد النقدية :ورجح بعض الباحثين مؤخرا أن الزيادة في قيمة الفوائد النقدية عن قيمتها الإنتاجية أو الحقيقية من أحد أكبر أسباب التضخم كما بين ذلك جوهان فيليب بتمان في كتابه كارثة الفوائد، وهذا ليس غريبا فالاقتصادي كينز عبر عن ذلك بقوله في كتابه: (يزداد الازدهار الاقتصادي في الدولة كلما اقتربت قيمة الفائدة من الصفر، وهو ما قد يتحقق عبر التجارة بالعملات الافتراضية، والتداول على المنصات الإلكترونية، هذا فضلاً

عن اتجاه الدولار الأمريكي خلال عام 2022م، إلى الارتفاع المضطرد، ونتيجة ارتباط العملات الخليجية المنتجة للنفط، بالدولار الأمريكي بنظام سعر الصرف الثابت، ستتجه الفوائد على النقود أيضاَ، نحو الارتفاع محاولة لمنع هروب رؤوس الأموال إلى الحافظة الأميركة و عوائد الأرباح المالية، واعتقاد قدرة استخدام أدوات السياسة النقدية لمكافحة التضخم، على الرغم من عدم جديته في مكافحة نوع التضخم بالتكلفة، وهو ما ينعكس بالسلب على تلك الاقتصاديات.

- <u>الركود التضخمي" أو ..(Stagflation)</u>

مصطلح لم يعرفه العالم قبل سبعينيات القرن الماضي، فهو ببساطة عبارة عن "عاصفة كاملة" من الأخبار الاقتصادية السيئة لأي دولة، والتي تشمل على سبيل المثال لا الحصر ارتفاع البطالة وبطء النمو الاقتصادي وارتفاع التضخم في آن واحد، إن دخول الاقتصاد في حالة ركود تضخمي يعني أن الناتج المحلي الإجمالي إما ينمو بمعدل شديد البطء أو أنه يتقلص، والنتيجة الطبيعية لهذا الوضع هي ارتفاع البطالة على خلفية قيام الشركات بالاستغناء عن جزء من موظفيها في سعيها إلى خفض نفقاتها، وهو ما يقلل بدوره من القوة الشرائية للمستهلكين لتتراجع بالتبعية معدلات الإنفاق وهو ما ينتج عنه تباطؤ النمو الاقتصادي بمعدلات أكبر، أي أن الإجراءات التي تتخذ لمواجهة التباطؤ الاقتصادي هي ذاتها التي تعمق من الأزمة، وهو معاناة الاقتصاد من نمو متباطئ أو انكماش

بالإضافة إلى تضخم خارج عن النطاق، فمع ارتفاع معدل البطالة ينخفض ما لدى المستهلكين من أموال استهلاك وادخار، أضف إلى ذلك معدل التضخم الذي يتسبب في تآكل قوتهم الشرائية (المحدودة أصلاً) بصفة يومية تقريباً، الناتج هو وضع سيئ للغاية. ببساطة هذا النوع من التضخم يكون بمثابة القاتل الحقيقي لثقة المستهلكين ويساعد على خلق بيئة اقتصادية محبطة، وهو ما يواجه الاقتصاد القطري ولكن ببدايته، التي قد تتفاقم خلال عام 2022م.

العلاقة بين التضخم وسعر الصرف

تعد أسعار الصرف الموازية لأسعار الصرف الرسمية واحداً من المؤشرات الاقتصادية والمالية المعبرة عن متانة الاقتصاد لأية دولة سواء كانت من الدول المتقدمة أم الدول النامية، وتتأثر أسعار الصرف بعوامل سياسية واقتصادية متعددة، ومن أشد هذه العوامل الاقتصادية، التضخم، ومعدلات أسعار الفائدة السائدة في السوق، اللذان يعكسان أثرهما في سعر الصرف للعملة الوطنية في السوق الموازية لسعر الصرف الرسمي الوطني ، وهو الأمر السائد في اقتصاديات الدول النامية والأسواق الصاعدة.

(التغير ٪ على أساس سنوي مقارن، متوسط بسيط)
الشرق الأوسط وشمال إفريقيا: التضخم الكلي
الشرق الأوسط وشمال إفريقيا: الغذاء
القوقاز وآسيا الوسطى: التضخم الكلي
القوقاز وآسيا الوسطى: الغذاء
١٤
١٢
١٠
٨
٦
٤
٢
صفر
يناير ٢٠١٨
يوليو ٢٠١٨
يناير ٢٠١٩
يوليو ٢٠١٩
يناير ٢٠٢٠
يوليو ٢٠٢٠
يناير ٢٠٢١
يوليو ٢٠٢١

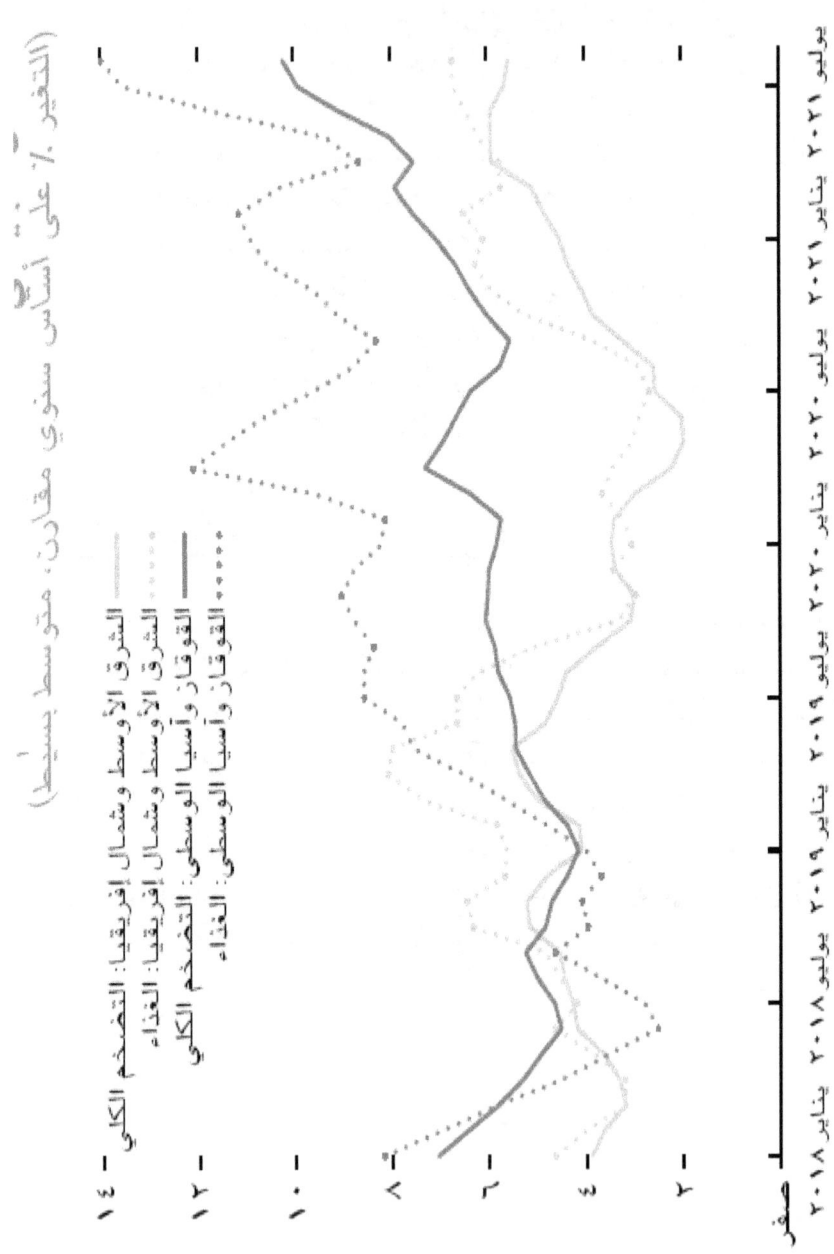

يأخذ معدل التضخم في الارتفاع خلال عام 2021م بشكل مضطرد نتيجة التطور المضطرد في أسعار المورد الهيدروكربوني، فضلاً عن تطور أسعار الغذاء.

- يقترب تطور أسعار الغذاء على المستوى العالمي نحو تجاوز نسبة 30%، مما قد ينعكس بالتطور المحلي لأسعار الغذاء بنسبة قد تتفوق عن 45%، نتيجة ارتفاع أسعار الشحن والتأمين، فضلاً عن انخفاض المعروض العالمي من السلع الغذائية.

- إعادة تقييم إدارة المخزون الاستراتيجي، نحو كفاية المخزون لفترات زمنية تغطي عام 2022م، لاسيما سلع الغذاء الرئيسية مع الأخذ بعين الاعتبار كفاءة التخزين وإدارة المخزون.

- تعديل اتجاه السياسات الاقتصادية، بحيث تبحث عن استقرار الاقتصاد الوطني، من خلال سياسة الميزانية.

- الاعتماد المستقبلي على عقود التوريد طويلة الأجل، مع الأخذ بعين الاعتبار تطور تكلفة الشحن والتأمين.

- دعم إدارة المخزون الاستراتيجي بالمتخصصين في مجالي الصحة الغذائية وآليات التخزين متوسط وطويل الأجل.

- البرنامج الغذائي وسلامة تطبيقه، لابد أن تنطلق من تنويع مصادر الواردات في ظل التغييرات المناخية الحادة، وتكرار انتشار المتحور من الفيروسات الخطرة.

- تطور أسعار المورد الهيدروكربوني، والتغيرات المناخية الحادة، هي الأسباب الرئيسية وراء تضخم أسعار الغذاء، لاسيما في الدول التي تعتمد على الواردات في تأمين الغذاء للاستهلاك المحلي.

- التخطيط للاكتفاء الذاتي في بعض السلع الإستراتيجية دون المساس بشروط المنافسة، لاسيما الثروة الحيوانية والداجنة والسمكية.

- وضع برامج مراقبة الطلب الكلي (الاستهلاك الكلي للسلع الغذائية) الداخلي، للوقوف على تفضيلات المستهلك وفقاً لأولويات ترتيبها من حيث القيمة والوزن والأهمية الغذائية، ومن ثم دراسة سياسات التصنيع الداخلي وفقاً لتلك الأولويات.

- دراسة تعديل أهداف المؤسسات الاقتصادية الحكومية ذات العلاقة، بحيث يكون الهدف التيسير وسرعة وصول المنتج للمستهلك، وبحيث تكون الربحية للمؤسسة في أخر سلم الاهتمامات والأهداف.

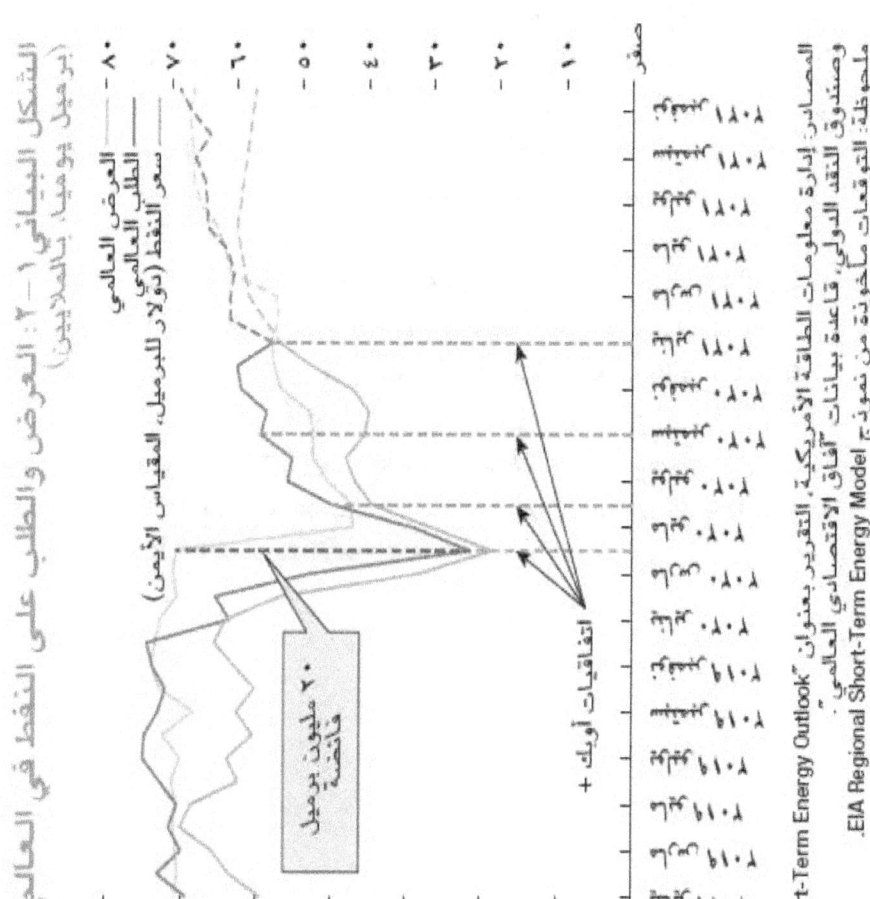

الشكل البياني ١-٢: العرض والطلب على النفط في العالم
(برميل يومياً، بالملايين)

المصادر: إدارة معلومات الطاقة الأمريكية، التقرير بعنوان "Short-Term Energy Outlook"؛ وصندوق النقد الدولي، قاعدة بيانات "آفاق الاقتصادي العالمي".
ملحوظة: التوقعات مأخوذة من نموذج EIA Regional Short-Term Energy Model.

- ارتفعت أسعار المواد الأولية عدا الوقود (لاسيما السلع الغذائية) خلال النصف الثاني من عام 2020م، ويتوقع أن تأخذ في الارتفاع خلال عام 2021م، بنسبة تصل إلى 14% وفقاً لمؤشر صندوق النقد الدولي لأسعار الأغذية.

- ظلت أوضاع المالية العامة تيسيريه بوجه عام، نظراً لانخفاض أسعار الفائدة وفروق العائد العالمية، مما يدعم اصدار السندات السيادية في المنطقة، حيث كانت التدفقات الرأسمالية الخارجة من المنطقة إلى 6 مليار دولار، في النصف الأول من عام 2020م، وبلغ مجموع التدفقات الداخلة إلى المنطقة ما يقارب 4 مليار دولار، وفي بداية فبراير 2021م، كانت التدفقات التراكمية من بداية الجائحة أصبحت موجبة، وذلك نتيجة ارتفاع العائدات على السندات الأمريكية طويلة الأجل مؤخراً.

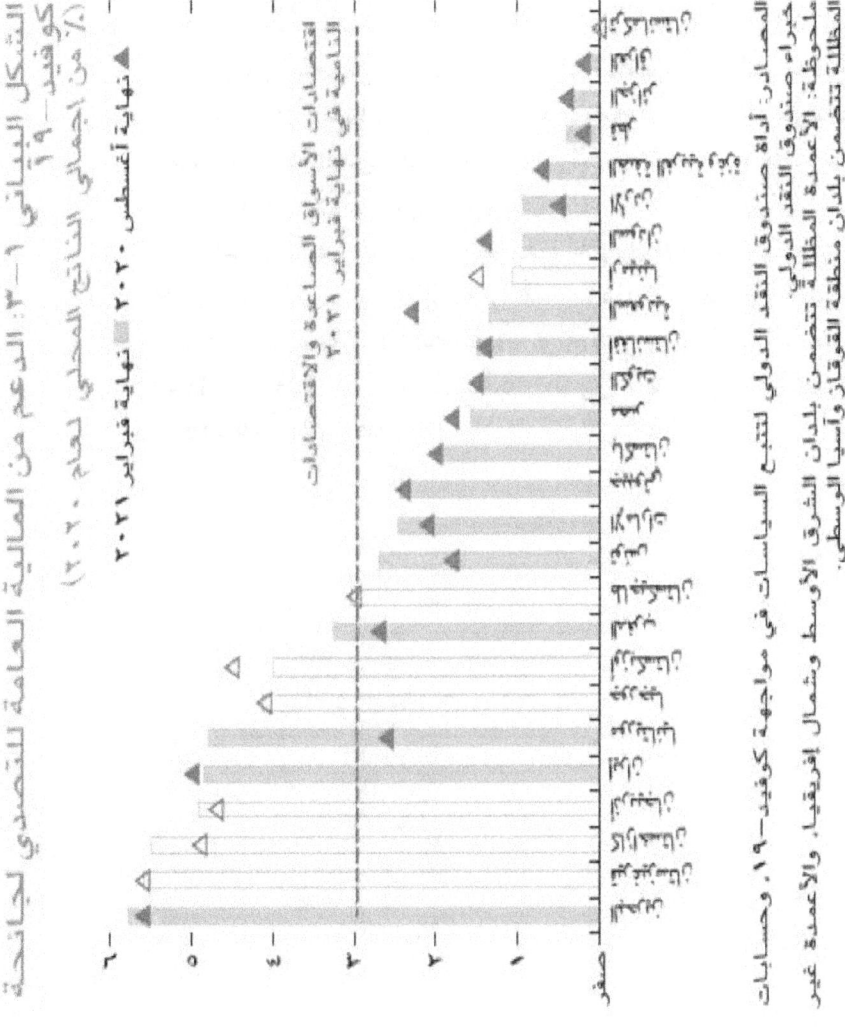

الشكل البياني ١–٣: الدعم من المالية العامة للتصدي لجائحة كوفيد–١٩
(٪ من إجمالي الناتج المحلي لعام ٢٠٢٠)

اقتصادات الأسواق الصاعدة والاقتصادات النامية في نهاية فبراير ٢٠٢١
١
٢

المصادر: أداة صندوق النقد الدولي لتتبع السياسات في مواجهة كوفيد–١٩، وحسابات خبراء صندوق النقد الدولي.
ملحوظة: الأعمدة المظللة تتضمن بلدان الشرق الأوسط وشمال إفريقيا، والأعمدة غير المظللة تتضمن بلدان منطقة القوقاز وآسيا الوسطى.

- بنهاية شهر أغسطس 2020م، كانت معظم البنوك المركزية قد خفضت أسعار الفائدة الأساسية(شكل 4-1)، فضلاً عن تخفيض الاحتياطات الاحتياطات الإلزامية، مع تشجيع تأجيل سداد القروض، مما سمح للبنوك المركزية، باستخدام هوامش حماية رأس المال لديها، وخفضت شروط الحد الأدنى من السيولة.

- ومع اتجاه فائدة الدولار الأمريكي للارتفاع ما يقارب 6 – 8 مرات، خلال عام 2022م، فمن المتوقع تقليص الحيز المتاح للسياسات الاقتصادية، وارتفاع معدلات التضخم بشكل مضطرد، وانكشاف الدول صاحبة التبعية الاقتصادية للقروض.

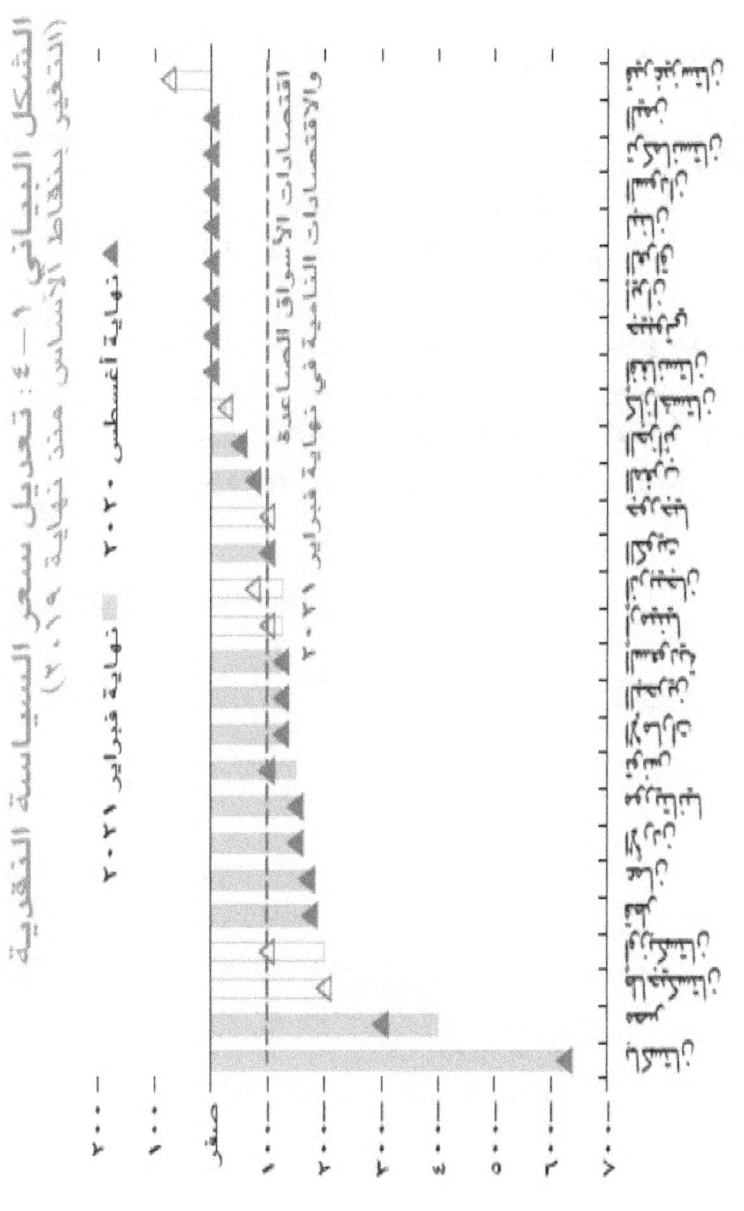

الشكل البياني ١ – ٤: تعديل سعر السياسة النقدية
(التغير بنقاط الأساس منذ نهاية ٢٠١٩)

المصادر: أداة صندوق النقد الدولي لتتبع السياسات في مواجهة كوفيد–١٩، وحسابات خبراء صندوق النقد الدولي.
ملحوظة: الأعمدة المظللة تتضمن بلدان الشرق الأوسط وشمال إفريقيا، والأعمدة غير المظللة تتضمن بلدان منطقة القوقاز وآسيا الوسطى.

- تسارعت وتيرة التضخم، برغم ضعف الطلب وانخفاض تكاليف الطاقة، فعلى العكس بالوضع في الاقتصادات الصاعدة(عدا الهند)، سجل التضخم الكلي ارتفاعاً طفيفاً في كثير من بلدان المنطقة مدفوعاً جزئياً بارتفاع أسعار الأغذية، وتخفيض أسعار الفائدة الأساسية، وانخفاض سعر الصرف في أغلب البلدان، عدا دول الخليج والأردن والمغرب التي ظل التضخم بها مكبوحاً.

- ظلت الأوضاع في سوق العمل ضعيفة ومتفاوتة، فقد تدهور نتائج سوق العمل كثيراً على مستوى المنطقة، لاسيما قطاعات الخدمات والبيع بالتجزئة والشركات الصغيرة حيث لم تسجل نمواً موجباً في إيراداتها.

الشكل البياني ١-٦: أداء إيرادات الشركات في الشرق الأوسط وشمال إفريقيا وباكستان
(٪: على أساس سنوي مقارن)

المصادر: تقرير معلومات السوق العالمية الصادر عن ستاندرد آند بورز؛ وحسابات صندوق النقد الدولي.
ملحوظة: نمو الإيرادات هو معدل نمو المبيعات ربع السنوية على أساس سنوي مقارن.

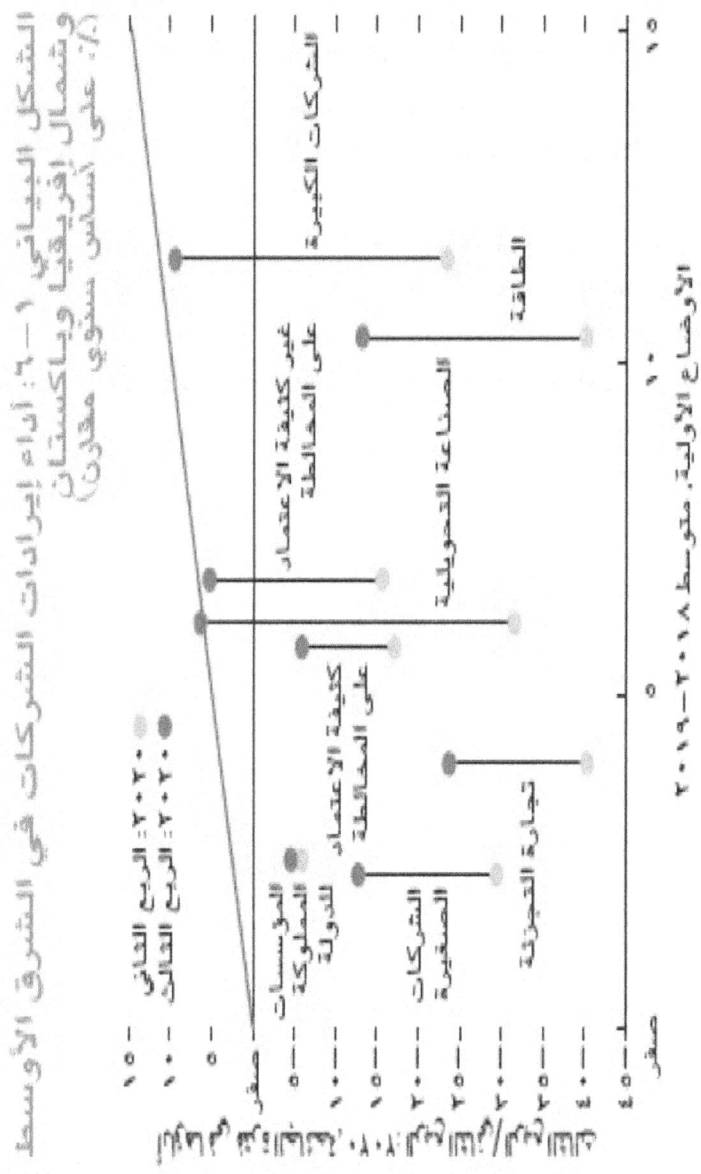

تراجعت حسابات المالية العامة، بصورة حادة على مستوى المنطقة، نتيجة انخفاض الإيرادات عطفاً على انخفاض الطلب المحلي وهبوط أسعار النفط، كما ارتفع الدين الحكومي لمستويات قياسية غير مسبوقة قد تصل في بعض البلدان إلى ما يتجاوز 70% من إجمالي الناتج المحلي، و خلال عام 2022 سيزيد الأمر صعوبة.

- البلدان التي قدمت دعماً قوياً من المالية العامة، قد شهدت انكماشاً اقتصادياً اقل، ومن المتوقع أن تتعافى أسرع من غيرها، وعليه هناك ضرورة لميد من الإنفاق العام بنسبة أكبر من انخفاض الإيرادات وليس العكس.

الشكل البياني ١-٧: الدين العام
(٪ من إجمالي الناتج المحلي)

المصادر: السلطات الوطنية؛ وحسابات خبراء صندوق النقد الدولي.

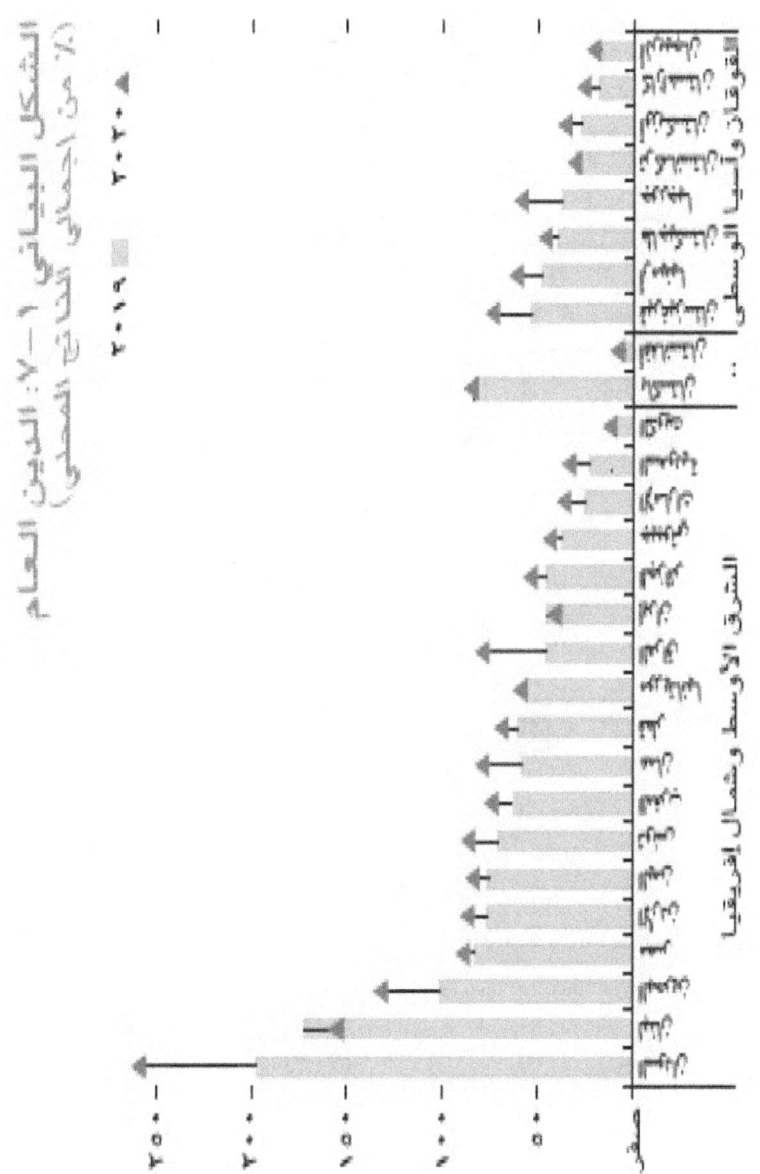

الشكل البياني ١-٨: سرعة التعافي سوف تختلف عبر المنطقة ...
... انعكاسا لخطط نشر اللقاحات ...
١- تعديل توقعات النمو في ٢٠٢١ وخطط التلقيح
(الفرق في نمو إجمالي الناتج المحلي الحقيقي مقارنة بشهر أكتوبر ٢٠٢٠، متوسط مرجح ما عدا الدول الهشة والمتأثرة بالصراعات)
بالنقاط المئوية
البلدان المتأخرة في التطعيم
البلدان البطيئة في التطعيم
البلدان المبكرة بالتطعيم
... الأهمية النسبية للسياحة ...
٢- تعديل توقعات النمو وكثافة السياحة
(الفرق في نمو إجمالي الناتج المحلي الحقيقي مقارنة بشهر أكتوبر، متوسط مرجح)
٢٠٢١
٢٠٢٢
بالنقاط المئوية
غير كثيفة الاعتماد على السياحة
كثيفة الاعتماد على السياحة
... الضرر الدائم المحتمل بسبب الجائحة ...
٣- التراجع في إجمالي الناتج المحلي عام ٢٠٢٤ مقارنة بالتوقعات قبل كوفيد-١٩
(الفرق ٪)
صفر
... وحجم الاستجابة من خلال السياسات
٤- إجمالي الناتج المحلي الحقيقي والدعم من المالية العامة في ٢٠٢٠
(المؤشر، ٢٠١٩ = ١٠٠)
الشرق الأوسط وآسيا الوسطى- أعلى من متوسط الدعم المالي
الشرق الأوسط وآسيا الوسطى- أقل من متوسط الدعم المالي
القوقاز وآسيا الوسطى
الشرق الأوسط وشمال إفريقيا
الدول الهشة والمتأثرة بالصراعات ما عدا ليبيا
٢٠١٩
٢٠٢٠
٢٠٢١
٢٠٢٢
المصادر: أداة صندوق النقد الدولي لتتبع السياسات في مواجهة كوفيد-١٩، والسلطات الوطنية، وحسابات خبراء صندوق النقد الدولي.

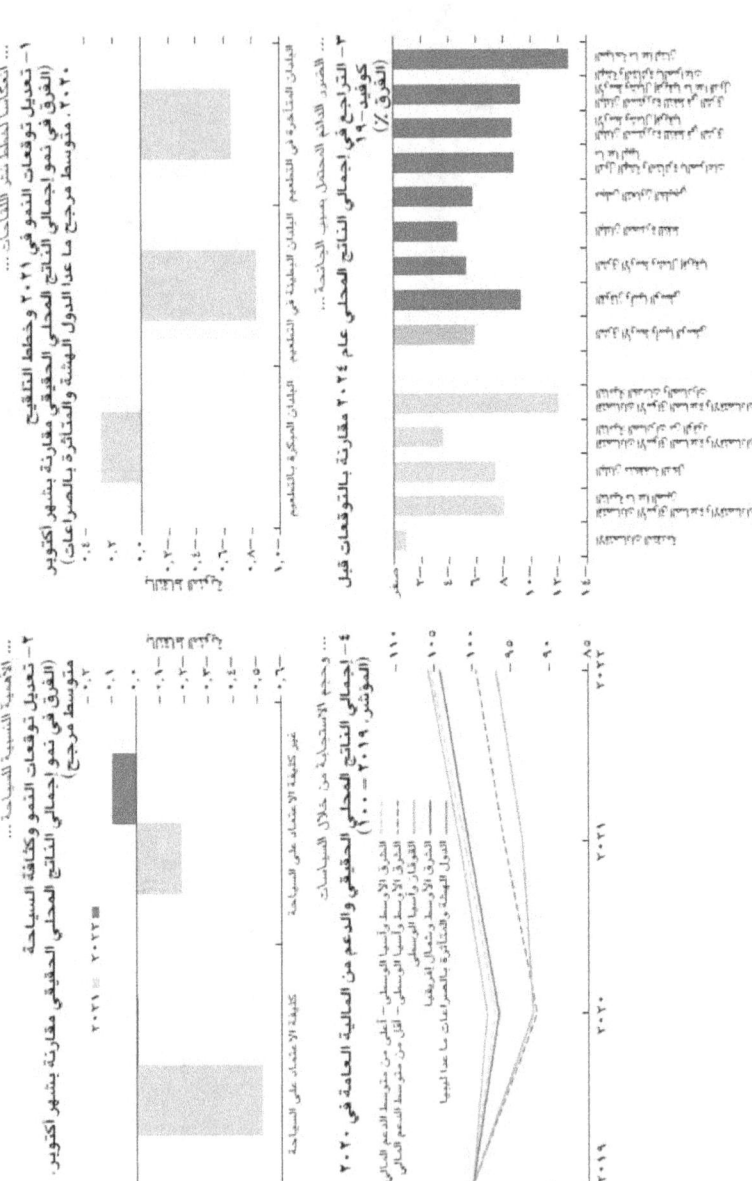

- إن الإصابات والسلالات المتحورة الجديدة يمكن أن تؤدي إلى اتخاذ إجراءات الإغلاق العام مجدداً، مما يترتب عليه ارتفاع الدين الحكومي ومخاطر التمويل، وتظل المنطقة عرضة إلى ارتفاع عائدات السندات الأمريكية، حيث إن ارتفاع أسعار الفائدة بالولايات المتحدة يؤدي إلى ضيق أوضاع التمويل العالمية، وخروج التدفقات الرأسمالية من جديد، و ارتفاع فروق العائد على سندات الدين السيادي، وهو ما ينبئ بأجواء عدم اليقين مرة أخرى.

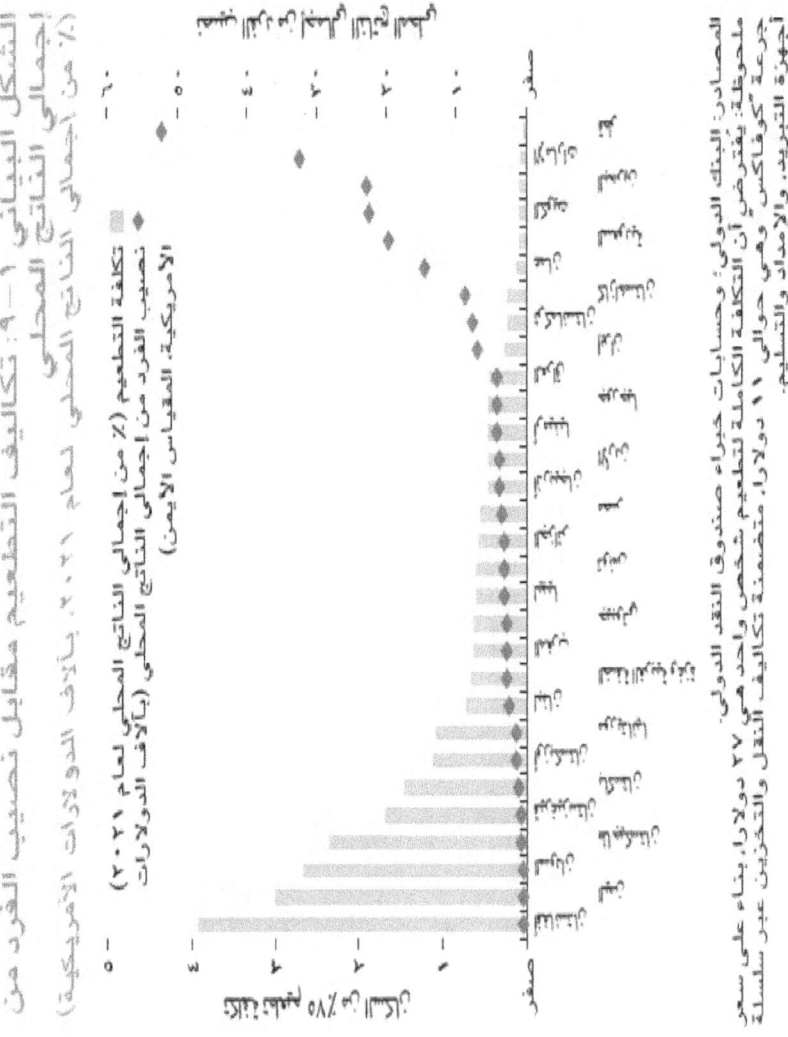

الشكل البياني ١–٩: تكاليف التطعيم مقابل نصيب الفرد من إجمالي الناتج المحلي

(٪ من إجمالي الناتج المحلي لعام ٢٠٢١، بآلاف الدولارات الأمريكية)

المصادر: البنك الدولي؛ وحسابات خبراء صندوق النقد الدولي.

ملحوظة: يُفترض أن التكلفة الكاملة لتطعيم شخص واحد هي ٢٧ دولارا، بناء على سعر جرعة "كوفاكس" وهي حوالي ١١ دولارا، متضمنة تكاليف النقل والتخزين عبر سلسلة أجهزة التبريد، والإمداد والتسليم.

مخاطر الدين الحكومي والتمويل: إرث من الجائحة

الشكل البياني ٢-٣: الديون والتمويل والرابطة بين الكيانات السيادية والبنوك في الأسواق الصاعدة بمنطقة الشرق الأوسط وآسيا الوسطى

١- هيكل الدين الحكومي حسب الدائن
(٪ من إجمالي الناتج المحلي)

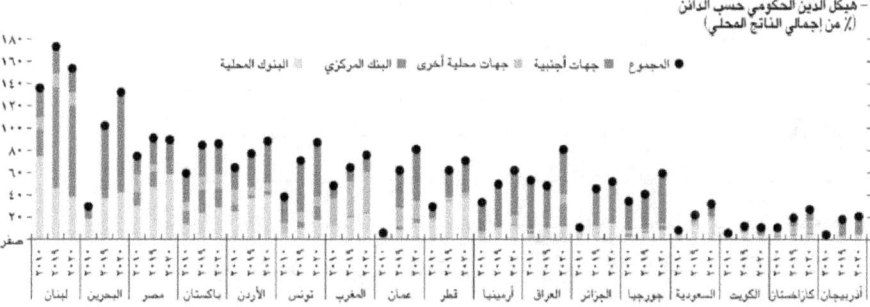

٢- مطالبات البنوك المحلية على القطاع العام (الحكومة العامة والمؤسسات المملوكة للدولة)
(٪ من مجموع أصول الجهاز المصرفي)

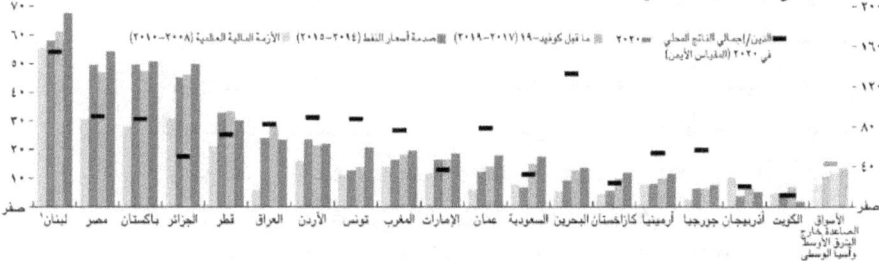

٣- مصادر إجمالي التمويل العام في ٢٠٢٠
(٪)

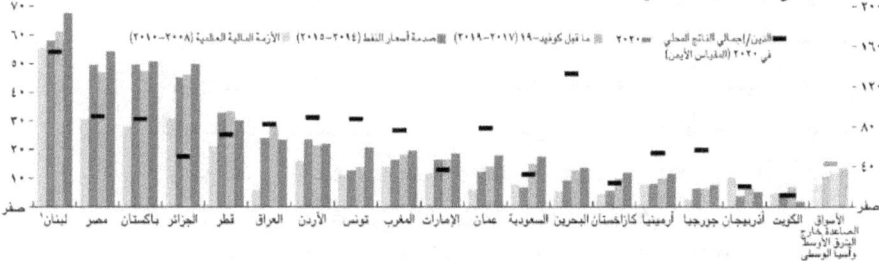

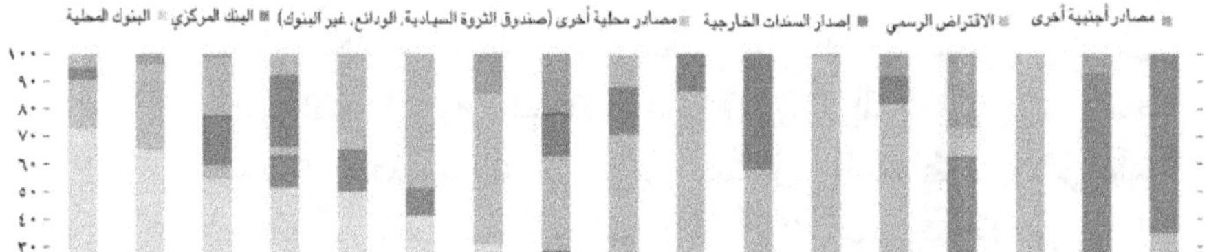

المصادر: تقرير الإحصاءات المالية الدولية، صندوق النقد الدولي؛ وتقرير آفاق الاقتصاد العالمي، صندوق النقد الدولي؛ وحسابات خبراء صندوق النقد الدولي.
١ في حالة لبنان، تشير البيانات إلى مطالبات البنوك على القطاع العام، بما في ذلك البنك المركزي، كحصة من مجموع أصول الجهاز المصرفي.

- ومن الأهمية بمكان التركيز على مخاطر اتساع الديون السيادية لاسيما الخارجية منها وانعكاساتها على معدلات النمو الاقتصادي، فضلاً عن أهمية دراسة مدى الملائة المالية للبنوك المحلي وقدرتها على دعم القطاع الخاص بعد ثقل أعباء الدين للقطاع الحكومي، مما يتطلب إعادة النظر على المستوى الكلي للسياسات المالية والنقدية وتأثيرها على النشاط الاقتصادي ككل، مع أهمية استخدام سياسة الميزانية في إعادة ضبط المؤشرات الاقتصادية الكلية، لاسيما جانب الطلب الكلي واستخدام سياسة مالية توسعية تعمل على محاصرة فجوات الانكماش بالاقتصاد الكلي.

- تكافح صناديق الخليج السيادية نفاد السيولة وصعوبة التمويل، وتآكل الهوامش الوقائية، وزيادة الصدمات الخارجية، حيث سببت أزمة كورونا ضغوطا كبيرة على الصناديق السيادية في الخليج نظرا لارتفاع متطلبات الاقتراض الإجمالية للحكومات، حيث لجأت دول المنطقة إلى تسييل جزء من الاستثمارات الخارجية في صناديقها السيادية لتخفيف السّحب مما أدى إلى نفاد السيولة وارتفاع نسق صعوبة التمويل.

- يصل عجز ميزانيات دول الخليج إلى 490 مليار دولار في السنوات الأربع الممتدة من 2020 إلى 2023، وسط ارتفاع احتياجات التمويل مقابل انخفاض الإيرادات النفطية، بحسب تقديرات وكالة "ستاندرد اند بورز"، ولابد من الإشارة إلى أن مخزون أصول صناديق الثروة السيادية في قطر وأبو ظبي، ما يزال أكثر من كاف لتغطية عقود من العجز المالي عند المستويات الحالية.

- وتوقع بنك Goldman Sachs أن ارتفاع استحقاقات الديون في 2021 يشير إلى صافي إصدار لا يزال معتدلا

نسبيا، متوقعا أن تكون السعودية وقطر ومصر والمكسيك الأعلى من حيث صافي الإصدارات خلال هذا العام.

- المعاناة والأزمة الإنسانية الناجمة عن الغزو الروسي لأوكرانيا

وسوف تتدفق هذه الآثار من خلال ثلاث قنوات رئيسية، أولاً، ارتفاع أسعار السلع الأولية كالغذاء والطاقة سيدفع التضخم نحو مزيد من الارتفاع، مما يؤدي بدوره إلى تآكل قيمة الدخول وإضعاف الطلب، وثانياً، الاقتصادات المجاورة بصفة خاصة سوف تصارع الانقطاعات في التجارة وسلاسل الإمداد وتحويلات العاملين في الخارج كما ستشهد طفرة تاريخية في تدفقات اللاجئين، وثالثاً، تراجع ثقة مجتمع الأعمال وزيادة شعور المستثمرين بعدم اليقين سيفضيان إلى إضعاف أسعار الأصول، وتشديد الأوضاع المالية، وربما الحفز على خروج التدفقات الرأسمالية من الأسواق الصاعدة، وبما أن روسيا وأوكرانيا من أكبر البلدان المنتجة للسلع الأولية، فقد أدت انقطاعات سلاسل الإمداد إلى ارتفاع الأسعار العالمية بصورة حادة، ولا سيما أسعار النفط والغاز الطبيعي، وشهدت تكاليف الغذاء قفزة في ظل المستوى التاريخي الذي بلغه سعر القمح، حيث تسهم كل من أوكرانيا وروسيا بنسبة 30% من صادرات القمح العالمية.

ضغوط متزايدة

ارتفعت أسعار الطاقة والحبوب والمعادن بصورة حادة منذ غزو أوكرانيا. وهو ما يشير إلى أن معدلات التضخم من المنتظر أن ترتفع بوتيرة سريعة.

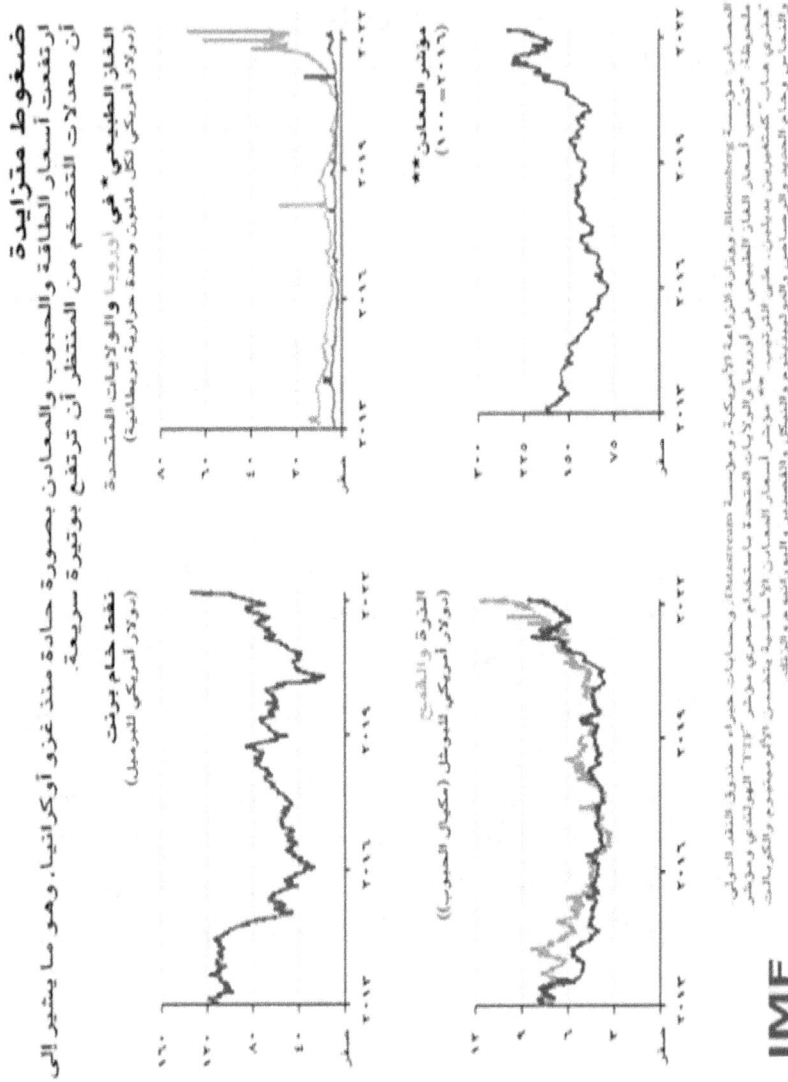

الغاز الطبيعي* في أوروبا والولايات المتحدة
(دولار أمريكي لكل مليون وحدة حرارية بريطانية)

نفط خام برنت
(دولار أمريكي للبرميل)

مؤشر المعادن**
(٢٠١٦=١٠٠)

الذرة والقمح
(دولار أمريكي للبوشل (مكيال الحبوب))

المصادر: مؤسسة Bloomberg، ووزارة الزراعة الأمريكية، ومؤسسة Datastream، وحسابات خبراء صندوق النقد الدولي.
ملحوظة: *تحسب أسعار الغاز الطبيعي في أوروبا والولايات المتحدة باستخدام سعري مؤشر "TTF" الهولندي ومؤشر "هنري هاب" كمتغيرين بديلين، على الترتيب. ** مؤشر أسعار المعادن الأساسية يتضمن الألومنيوم والكوبالت والنحاس وخام الحديد والرصاص والموليبدينوم والنيكل والقصدير واليورانيوم والزنك.

IMF

وإذا نظرنا إلى ما هو أبعد من التداعيات العالمية، لوجدنا أن البلدان التي ستتشعر بمزيد من الضغوط هي تلك التي لديها علاقات تجارية وسياحية وانكشافا مالياً مباشرة، أما الاقتصادات التي تعتمد على الواردات النفطية فسوف تسجل معدلات عجز أعلى في المالية العامة والتجارة وتشهد ضغوطا تضخمية أكبر، وإن كان ارتفاع الأسعار قد يعود بالنفع على بعض البلدان المصدرة للنفط مثل البلدان في الشرق الأوسط وإفريقيا.

ومن شأن زيادة حدة ارتفاع أسعار الغذاء والوقود أن تدفع إلى مخاطر أكبر من حدوث قلاقل في بعض المناطق، من إفريقيا جنوب الصحراء وأمريكا اللاتينية إلى القوقاز وآسيا الوسطى، بينما من المرجح زيادة انعدام الأمن الغذائي في بعض أنحاء إفريقيا والشرق الأوسط، وبرغم صعوبة قياس مدى تردد هذه الاصداء، فإننا نرى بالفعل أن هناك احتمالات بتخفيض تنبؤاتنا للنمو الاقتصادي.

وعلى المدى الأطول، قد تفضي الحرب إلى تبديل النظام الاقتصادي والجغرافي–السياسي العالمي من أساسه إذا حدث تحول في تجارة الطاقة، وأعادت تهيئة سلاسل الإمداد، وتجزأت شبكات المدفوعات، وأعادت البلدان التفكير في حيازاتها من عملات الاحتياطي، أما زيادة حدة التوترات الجغرافية–السياسية فهي تهدد بمزيد من مخاطر التجزؤ الاقتصادي ولا سيما على مستوى التجارة والتكنولوجيا.

أوروبا

إن الخسائر التي تتكبدها أوكرانيا فادحة بالفعل، ومن شأن العقوبات غير المسبوقة على روسيا أن تضعف أنشطة الوساطة المالية والتجارة، مما سيفضي حتما إلى حدوث ركود عميق هناك، وانخفاض سعر صرف الروبل يذكي التضخم، ويفضي إلى مزيد من تراجع مستويات معيشة السكان، وتمثل الطاقة القناة الرئيسية لانتقال التداعيات في أوروبا حيث تشكل روسيا مصدرا أساسيا لوارداتها من الغاز الطبيعي، وقد يترتب على ذلك أيضا حدوث انقطاعات أوسع نطاقا في سلاسل الإمداد، وستسفر هذه الآثار عن ارتفاع التضخم وإبطاء التعافي من الجائحة، وسوف تشهد أوروبا الشرقية ارتفاعا في تكاليف التمويل وطفرة في تدفق اللاجئين، حيث استوعبت معظم اللاجئين البالغ عددهم 3 ملايين نسمة الذين فروا من أوكرانيا مؤخرا، حسب ما أوضحته بيانات الأمم المتحدة، وقد تواجه الحكومات الأوروبية كذلك ضغوطاً على المالية العامة من زيادة الإنفاق على تأمين مصادر الطاقة وميزانيات الدفاع، وبينما تُعد الانكشافات الخارجية للأصول الروسية الآخذة في الهبوط محدودة بالمعايير العالمية، فإن الضغوط على الأسواق الصاعدة قد تزداد إذا سعى المستثمرون إلى البحث عن مناطق أكثر أماناً، وبالمثل، تتسم الانكشافات المباشرة في معظم البنوك الأوروبية لروسيا بأنها محدودة ويمكن التعامل معها.

القوقاز وآسيا الوسطى

إذا نظرنا إلى خارج أوروبا، سنجد أن هذه البلدان المجاورة ستشعر بتبعات أكبر من الركود في روسيا والعقوبات المفروضة عليها، فالروابط الوثيقة معها على مستوى التجارة ومن خلال نظم المدفوعات سوف تكبح التجارة وتحد من تحويلات العاملين في

الخارج والاستثمار والسياحة، مما يضر بالنمو الاقتصادي ويؤثر سلبا على التضخم والحسابات الخارجية وحسابات المالية العامة، وبينما من المتوقع أن يعود ارتفاع الأسعار الدولية بالنفع على البلدان المصدرة للسلع الأولية، تواجه هذه البلدان مخاطر من انخفاض صادرات الطاقة إذا امتدت العقوبات وطُبِّقَت على خطوط الأنابيب التي تمر عبر روسيا.

الشرق الأوسط وشمال إفريقيا

يُرجح أن تواجه المنطقة آثارا متوالية فادحة من ارتفاع أسعار الغذاء والطاقة وضيق الأوضاع المالية العالمية، ففي مصر، على سبيل المثال، تأتي 80% من وارداتها من القمح من روسيا وأوكرانيا، كما أنها مقصد سياحي يحظى بإقبال كبير من كلا البلدين، وسوف تشهد كذلك انكماشا في نفقات زائريها، ومن شأن السياسات الرامية إلى احتواء التضخم، كزيادة الدعم الحكومي، أن تفرض ضغوطا على حسابات المالية العامة الضعيفة بالفعل، وإضافة إلى ذلك، فإن تفاقم الأوضاع المالية الخارجية قد يحفز تدفق رؤوس الأموال إلى الخارج ويضيف إلى التأثيرات المعاكسة على النمو في البلدان ذات مستويات الدين المرتفعة والاحتياجات التمويلية الكبيرة، وربما أدت الأسعار الآخذة في الارتفاع إلى زيادة التوترات الاجتماعية في بعض البلدان، كتلك التي لديها شبكات أمان اجتماعي ضعيفة، وفرص عمل قليلة، وحيز محدود للإنفاق من المالية العامة، وحكومات تفتقر إلى الشعبية.

إفريقيا جنوب الصحراء

بينما كانت القارة تتعافى تدريجيا من الجائحة، جاءت الأزمة لتهدد ذلك التقدم الذي حققته، وكثير من بلدان المنطقة معرض لدرجة

كبيرة من المخاطر من آثار الحرب، وذلك تحديدا بسبب ارتفاع أسعار الطاقة والغذاء وتراجع السياحة والصعوبة المحتملة في الوصول إلى أسواق رأس المال الدولية، ويأتي هذا الصراع في وقت تشهد فيه معظم بلدان المنطقة تضاؤلا في الحيز المالي المتاح لمواجهة آثار الصدمة، ويُرجح أن يفضي هذا الأمر إلى اشتداد الضغوط الاجتماعية_الاقتصادية، والتعرض لمخاطر الديون العامة، وحدوث ندوب من الجائحة التي كانت ملايين الأسر والشركات تعاني منها بالفعل، ويثير ارتفاع أسعار القمح إلى مستويات قياسية المخاوف بشكل كبير في منطقة تستورد نحو 85% من إمداداتها من هذه السلعة، والتي يأتي ثلثها إما من روسيا أو أوكرانيا.

نصف الكرة الغربي

تمثل أسعار الغذاء والطاقة القنوات الرئيسية لانتقال التداعيات، والتي ستكون جسيمة في بعض الحالات، ومن المرجح أن يؤدي ارتفاع أسعار السلع الأولية إلى تعجيل وتيرة التضخم في أمريكا اللاتينية والكاريبي، وهي المنطقة التي تسجل بالفعل معدلا سنويا يبلغ في المتوسط 8% على مستوى خمسة من أكبر اقتصاداتها وهي: البرازيل والمكسيك وشيلي وكولومبيا وبيرو. وقد يتعين على بنوكها المركزية مواصلة الدفاع عن مصداقيتها في مكافحة التضخم، أما آثار ارتفاع أسعار السلع الأولية على النمو فهي متفاوتة، فقد أضر ارتفاع أسعار النفط ببلدان أمريكا الوسطى والكاريبي المستوردة له، بينما في مقدور البلدان المصدرة للنفط والنحاس وخام الحديد والذرة والقمح والمعادن أن تفرض أسعارا أعلى على منتجاتها وأن تخفف بالتالي التأثير الواقع على النمو، ولا تزال الأوضاع المالية مواتية نسبياً، لكن اشتداد حدة الصراع قد يسبب ضائقة مالية عالمية من شأنها، مقترنة بتشديد السياسة

النقدية المحلية، أن تضعف النمو، وترتبط الولايات المتحدة بعلاقات محدودة مع كل من أوكرانيا وروسيا، مما يخفف الآثار المباشرة، غير أن التضخم كان قد بلغ بالفعل أعلى مستوياته على مدار أربعة عقود قبل أن تؤدي الحرب إلى رفع أسعار السلع الأولية، مما يعني أن الأسعار قد تواصل الارتفاع بينما يبدأ الاحتياطي الفيدرالي في رفع أسعار الفائدة.

آسيا والمحيط الهادئ

من المرجح أن يكون انتقال التداعيات من روسيا إلى المنطقة محدودا نظرا لعدم وجود علاقات اقتصادية قوية بينهما، ولكن بطء النمو في أوروبا سيخلف آثارا فادحة على كبرى البلدان المصدرة، أما أكبر الآثار على الحسابات الجارية فسوف تظهر في اقتصادات رابطة أمم جنوب شرق آسيا (آسيان) المستوردة للنفط والهند والاقتصادات الواعدة ومنها بعض جزر المحيط الهادئ. وقد تزداد فداحة هذه الآثار بسبب تراجع السياحية في البلدان المعتمدة على الزيارات الروسية.

وبالنسبة للصين، من المتوقع أن تكون الآثار المباشرة أصغر نظراً لدفعة التحفيز المالي التي ستدعم هدف النمو لهذا العام وهو 5,5% في حين أن مشتريات روسيا من الصادرات الصينية قليلة نسبياً، ومع هذا، فارتفاع أسعار السلع الأولية وضعف الطلب في كبرى أسواق التصدير يضيفان إلى التحديات التي تواجهها.

وهناك تداعيات مماثلة في كل من اليابان وكوريا، وقد يؤدي تقديم دعم جديد على النفط فيهما إلى تخفيف تلك الآثار، وفي ظل ارتفاع أسعار الطاقة، سيرتفع التضخم في الهند والذي بلغ بالفعل الحد الأعلى للنطاق الذي يستهدفه البنك المركزي، ويُتوقع تراجع ضغوط أسعار الغذاء في آسيا بفضل الإنتاج المحلي والاعتماد على الأرز أكثر من القمح، أما الواردات من المواد الغذائية والطاقة

المكلفة فسوف ترفع أسعار المستهلكين، لكن الدعم والحدود العُليا المقررة لأسعار الوقود والغذاء والأسمدة قد تخفف من تأثيرها المباشر ـ وإن كانت المالية العامة هي التي ستتحمل تكاليفها.

الصدمات العالمية

قد لا تتضح الصورة الكاملة لبعض الآثار لسنوات طويلة، إلا أن هناك بالفعل علامات واضحة على أن الحرب وما أفضت إليه من قفزة في تكاليف السلع الأولية الضرورية ستزيد من المصاعب التي تواجه صناع السياسات في بعض البلدان لتحقيق التوازن الدقيق بين احتواء التضخم ودعم التعافي الاقتصادي من الجائحة.

ملحوظة

- يمكن قياس سعر الصرف الحقيقي لعملات الدول مقابل الدولار الأمريكي، وفقاً لمقياس الذهب من خلال الخطوات التالية: (مثال/ سعر صرف الجنيه المصري مقابل الدولار الأمريكي).

1) سعر جرام الذهب في مصر = 1,207 جنيه مصري
2) سعر جرام الذهب بالولايات المتحدة الأمريكية = 57.5 دولار أمريكي.
3) السعر الحقيقي للصرف = 1,207 جنية / 57.4 دولار = 21.03 جنيه مصري مقابل الدولار الأمريكي

- من ثم إذا كان سعر الصرف الاسمي = 19.10 جنيه مصري للدولار الأمريكي الواحد، يكون الجنيه المصري

مدعوماً من قبل سلطات البنك المركزي بقيمة = (21.03 – 19.10) = 1.93 جنيه لكل دولار أمريكي واحد.

- وعليه فإنه يمكن الوصول إلى مستوى تعويم العملة (تحرير سعر الصرف) الذي قد ينقسم إلى نوعين رئيسين:

1) التعويم الجزئي = دعم الوحدة من العملة المحلية بمبلغ من النقود = الحفاظ الجزئي على الاستقرار النقدي، باستخدام جزء من الاحتياطي النقدي بالعملات الأجنبية.
2) التعويم الكلي = أن يتم تحديد سعر الصرف بشكل حر كامل وفقاً لأليات السوق وقوى العرض والطلب، ومستوى الاستقرار الاقتصادي لكل اقتصاد، مع الأخذ بعين الاعتبار أن النقود لا تُطلب لذاتها، ولكنها تُطلب للمعاملات، باستثناء نقود الاحتياط والمضاربة.

- تمارس التعديلات المستمرة في أسعار صرف العملات، أثراً سلبياً على الاقتصادية الكلية من خلال الأثر السلبي على فاتورة الواردات والصادرات، فضلاً عن الأثر السلبي على العائد من وراء السياسات الاقتصادية لاسيما النقدية منها، كما أن الأثر التضخمي الواضح، ينفجر من خلال قنطرة التجارة الخارجية، أو ما يسمى التضخم المستورد.

- العلاج الجزري والحاسم نحو استقرار أسعار الصرف، لن يتأتى إلا من خلال تحسين الهياكل الاقتصادية الإنتاجية، وإصلاح هيكل السياسات الاقتصادية، فضلاً عن أهمية التوقف عن الاقتراض المظهري غير المُبرر، أو استخدام أموال القروض خارج القطاعات الإنتاجية، ومن ثم تضغط أعباء القروض وأقساطها على احتياطات الدول من العملة

الأجنبية، لعدم وجود طلب حقيقي على الإنتاج المحلي للقطاعات الإنتاجية حيث ينبغي أن يكون لمواجهة أعباء القروض من خلال العائد على الاستثمار في تلك القطاعات، وبحيث يكون القرض أداة تمويل، وليست أداة ضغط وإدارة هياكل اقتصادية مهترئة.

نتائج وتوصيات

- الابتعاد عن الاستهلاك المظهري، وعدم الاقتراب من الإنتاج المظهري، لاسيما في دول العالم الثالث، والاقتراب من تصميم استراتيجية للتصنيع المحلي، ونشر ثقافة الادخار والاستثمار.

- التركيز على تنمية رأس المال البشري، لا سيما في مجالات التقنية التكنولوجية، والعلوم الطبيعية، والتعليم الفني والمتخصص، بشكل يسمح بتخفيض معدلات البطالة وخلق فرص عمل وافرة تتلاءم من التقدم التقني العالمي.

- تصميم برامج الأمن الغذائي المبني على النتائج والمنهجية العلمية، وعدم السماح بسيطرة التبعية لاسيما في سلع الحبوب والزيوت، مع محاولة توفير تلك المنتجات قدر المستطاع محلياً، واعتماد الاستغلال الأمثل للأراضي الزراعية، والثروة الحيوانية والسمكية.

- أكثر الدول التي تعاني خلال الأزمات العالمية (اقتصادياً – صحياً) هي تلك الدول المعتمدة على فلسفة الاقتراض متوسط وطويل الأجل، لعدم وجود الحيز المتاح للعمل السياسات المالية من جهة، وتعثر الوفاء بتلك الالتزامات، لا سيما عند استغلال القروض الكبيرة في مشروعات طويلة الأجل لا عائد لها يساعد الموازنة على تخفيض عجزها المزمن.

- من الأهمية بمكان استغلال ارتفاع أسعار المورد الهيدروكربوني، داخل مجالات مستدامة قادرة على تحول الدول الغنية المنتجة للنفط، إلى دول صناعية تعتمد استراتيجيات التصدير، والاندماج في العالم الخارجي، بعيداً عن سطوة أسعار النفط داخل الأزمات.

- تلك الأزمات قد مهدت الطريق لأهمية بحث جدوى أسعار الفائدة، فضلاً دور النظام الضريبي في تجاوز فجوات المجتمع، وقد يكون التنويع التجاري، هو المنقذ الأوحد في مسار تعثر سلاسل الامداد العالمية.
- إن العالم يتحرك دائماً بين شرق وغرب، من ثم لابد تصميم استراتيجية طويلة الأجل ذات مرونة قصوى، لدراسة الهيمنة الاقتصادية والسياسية والعسكرية على الصعيد الدولي، ومن ثم أي معسكر لابد من الوقوف في محيطه.
- هيمنة الدولار الأمريكي على السياسات النقدية، واثارها الاقتصادية على العالم ككل، تتطلب إعادة دراسة تلك الهيمنة من جهة، فضلاً عن تخفيض درجات التبعية من جهة أخرى، وفق برنامج صناعي يدعم ويعزز الناتج المحلي الإجمالي للدول، ولاسيما دول التبعية الاقتصادية الثالثة.
- هيمنة الولايات المتحدة الأمريكية على المؤسسات الدولية، لاسيما التابعة للأمم المتحدة، تستعدي كيان موازي يراجع ويدقق ويدرس سلامة الطرح، وحيادية الأهداف، ومنطقية المبررات، حتى نقترب من التمثيل العادل لقضايا العالم.
- من الأهمية بمكان ظهور دور العلماء، بهدف تأكيد أو نفي ما يتم التسويق له، لاسيما في ظل الفتن، وشيوع نظريات المؤامرة، ومراجعة أجندات الأجهزة والسياسات، ومدي التأثير السلبي، لتبني الغموض، قد أصبح الشك وعدم اليقين، هو أساس التفكير العلمي وبدايته، حيث نكتشف بعد الكارثة، أننا كنا الضحية وأداة الهدم.
- إن حكم اليسار وأهداف حكومة العالم الخفية، وانتشار الأوبئة، وبداية الحروب الكبيرة، واستفزاز القوى العظمي، لم يأتي عشوائياً، ولكنه مخطط مدبر بليل، لإضعاف القوى المنافسة دون الدخول في مغامرات عسكرية، فضلاً عن الحضارات لا تستمر أبد الدهر، و لكنه التداول بين الناس.

- الدعوة الآن نحو نظام عالمي نقدي جديد، يأخذ بالاعتبار المتغيرات الاقتصادية بشكل أكثر واقعية، بعيداً عن عسكرة القرارات الاقتصادية، أو تصدير الأزمات للعالم، أو علاج الفجوات المحلية بجهود الحكومات والدول الخارجية.

- النظم الاقتصادية ما بين الرأسمالية والاشتراكية، ليست كافية أو بديلة أو مكملة، نحو نظام اقتصادي أكثر استغلالاً للموارد، أو أكثر إيجابية على الفرد والمجتمع، وتعلمنا من تكلفة الفرصة البديلة أن أكثر النجاح لم يأت بعد.

- إن التحرك الاقتصادي يتطلب انقلاباً محورياً، بل ثورة تؤسس لمبادئ ومفاهيم جديدة، تأخذ بالاعتبار تدنية عولمة الفوائد للكبار، وتعظيم الفوائد للضعيف، وتباعد ما بين عنصرية الشرق والغرب، فقد هرمنا نحاول نثبت أننا من وراء الصواب، وقد يتطلب ذلك إعادة النظر في الطبقات الحاكمة، بهدف تعديل الأولويات من العمالة والخيانة، إلى الوطنية والولاء، وسيادة مبدأ سيادة المواطن الكريم.

- قد يكون من الأمل تكتلات عميقة، يحكمها وحدة واحدة، نستطيع من خلالها مواجهة الأخر، فإن التقسيم يتعدد معه الأهداف، ومع التعدد يأتي التضارب، ومع التضارب تظهر ثغرات استهداف، تحمل للكبار التحكم والسيطرة، ويتم هنا التضحية بالمصلحة الاقتصادية للمجموع الكلي للإنسانية.

- إن الشورى المتخصصة أفضل من ديموقراطيات غير متخصصة، ولا ينبغي أن يملى علينا، أو يجبر أحدنا على تطبيق المبدأ دون الانطباق أو الدراسة، وعليه فإن محور التغير أساسه المواطن، وليس الدولة، ولا استمرار لأنظمة عكس الاتجاه، فمن الأولوية الجدية استبعاد الكل إلى الجزء، ليكون مجموع الأجزاء = المصلحة المجتمعية.

- هل نستطيع استحضار القبور بمن فيها، فعالمنا يحتاج بشكل ملح للعلماء، يتبعه التطوير، ويوازن به مشاركة جادة، واحترام الأخر، فلا نكون غير ذلك إن أردنا البقاء، ودونك

العلم لا مقصد لنا، ولن ترتقي الأمة بمخاوف وتهديدات ومؤامرات العسكر، ذو الفلسفة السلطوية الهدامة.

- أفرز ارتفاع مستوى تراكم الديون في معظم الاقتصاديات العالمية، تكاليف على المستوى الكلي، ومن ثم يكون الحاجة إلى الانضباط المالي هو أساس أداء السياسة المالية لوظائفها، ومقياس توطيد الاستقرار، حتى يمكن انتقال أثر السياسة المالية إلى الاقتصاد الحقيقي، مما يساعد على ضمان استقرار النظام المالي، للحفاظ على التشغيل والنمو، بالتوازي مع مستويات أسعار مستقرة.

- ينبغي تصميم السياسة المالية كجزء من الإصلاحات الأوسع نطاقاً وتأثيراً في سلوك العوامل المؤثرة مستقبلاً، وبما ينسجم مع متطلبات الشافية، والحد من تكلفة السياسات المالية غير الملائمة، وبما يسمح للمسؤولية المالية القدرة على تحمل الدين، وفق ضوابط لا يمكن ولا ينبغي تجاوزها أو تغييرها بسهولة، بهدف السماح للانضباط المالي لتحقيق رفاهية اجتماعية عالية.

- عند تصميم السياسة المالية المناسبة، لابد من تخطيط أولويات الانفاق الاستثماري في القطاع الحقيقي، بهدف توليد استثمارات محركة للعجلة الاقتصادية، من خلال أنشطة اقتصادية قادرة على جذب قوة العمل والتصدي للبطالة والتضخم.

- الاهتمام بالدور التمويلي العادل للضرائب بهدف تنمية القطاع غير النفطي من جهة، وتحرير الانفاق العام من سيطرة سعر النفط وتقلباته، والذي قد تحكمه عوامل خارجية تتصف بعدم التأكد.

آفاق الاقتصاد المريض (صناعة إمريكية) د.نادر عبد الرحيم

أدلى رئيس المجلس التنفيذي لصندوق النقد الدولي بالتعليقات التالية في ختام مناقشة المجلس لتقرير «الراصد المالي» و«تقرير الاستقرار المالي العالمي» وتقرير «آفاق الاقتصاد العالمي» في ١١ إبريل ٢٠٢٢.

اتفق المديرون التنفيذيون بوجه عام مع تقييم الخبراء لآفاق الاقتصاد العالمي، والمخاطر، وأولويات السياسات. وأشاروا إلى أن الحرب في أوكرانيا أدت إلى أزمة إنسانية مكلّفة، مع تداعيات اقتصادية ومالية — من خلال قنوات أسواق السلع الأولية، والثقة، والتجارة، والقنوات المالية — أدت إلى تخفيض آفاق الاقتصاد العالمي وزيادة الضغوط التضخمية في وقت لم يتعاف فيه الاقتصاد العالمي بعد من أزمة كوفيد-١٩. واتفق المديرون على أن الارتفاع الحاد في عدم اليقين قد يجعل التوقعات الاقتصادية متقلبة للغاية. واتفقوا على أن المخاطر الناشئة — نتيجة اشتداد حدة الحرب، وزيادة العقوبات على روسيا، وتشتت الأسواق المالية والتجارية، وتباطؤ الاقتصاد في الصين بحدة أكبر من المتوقع بسبب تفشي جائحة كوفيد-١٩ — إلى جانب استمرار خطر ظهور سلالات جديدة أكثر ضراوة من كوفيد-١٩ جعلت ميزان المخاطر أكثر ميلا إلى التطورات السلبية. وعلاوة على ذلك، أشار المديرون إلى أن الحرب في أوكرانيا زادت من احتمالات نقص الغذاء وتصاعد التوترات الاجتماعية في ظل ارتفاع أسعار الغذاء والطاقة، مما سيزيد من التأثير السلبي على الآفاق المتوقعة.

وإزاء هذه الخلفية، اتفق المديرون على أن أولويات السياسات تختلف عبر البلدان، تبعا للظروف المحلية والاختلاف في مدى الانكشاف للمخاطر التجارية والمالية. وأكد المديرون على أن تراكم الضغوط — تباطؤ النمو الاقتصادي، والضغوط التضخمية المستمرة والمتصاعدة، وزيادة انعدام أمن الغذاء والطاقة، واستمرار انقطاعات سلاسل الإمداد، واحتمال ظهور موجات جديدة من كوفيد-١٩ — يجعل الاختيار بين السياسات الوطنية أكثر تعقيدا، ولا سيما بالنسبة للبلدان التي شهدت انكماشا في الحيز المتاح للسياسات بعد الإجراءات الضرورية التي اتخذتها لمواجهة جائحة كوفيد-١٩. وعلى المستوى العالمي، أكد المديرون على أن التعاون والحوار على مستوى متعدد الأطراف لا يزالان ضروريين لنزع فتيل التوترات الجغرافية-السياسية وتجنب التشتت، والقضاء على الجائحة، ومواجهة التحديات العديدة التي تواجه عالمنا المترابط، ولا سيما تغير المناخ.

واتفق المديرون على أن سياسة المالية العامة، في العديد من البلدان، تُنفَّذ في بيئة يحيطها قدر كبير من عدم اليقين وتتسم بارتفاع التضخم وتباطؤ النمو وارتفاع مستويات الدين وتشديد شروط الاقتراض. ورغم إقرار المديرين بالدور الذي تؤديه سياسة المالية العامة في وقت التعرض للصدمات الكبيرة المعاكسة، فقد رأوا أن الدعم المقدم من المالية العامة، لا سيما في البلدان التي تعاني من تشديد القيود على ميزانياتها، ينبغي أن يركز على المجالات ذات الأولوية وأن يوجَّه للفئات الأشد ضعفا. وأكدوا على أن سياسة المالية العامة، في البلدان التي يكون فيها النمو الاقتصادي قوي والتضخم مرتفع، ينبغي أن تلغي تدريجيا الدعم الاستثنائي المرتبط بالجائحة، مع التقدم نحو عودة الأوضاع إلى طبيعتها. وأقر المديرون بأن العديد من الأسواق الصاعدة والبلدان منخفضة الدخل تواجه خيارات صعبة في ظل الحيز المالي المحدود وزيادة المطالبات على الحكومات بسبب انقطاع إمدادات الطاقة والحاجة الملحة لضمان الأمن الغذائي. وفي هذا السياق، أكدوا على أن وضع إطار سليم وموثوق به للمالية العامة على المدى المتوسط، بما في ذلك تحديد اولويات الإنفاق وتدابير زيادة الإيرادات، يمكن أن يساعد في إدارة الاحتياجات العاجلة مع ضمان استدامة القدرة على تحمل الدين. وأكد المديرون على أن التدابير قصيرة الأجل لتخفيف آثار ارتفاع أسعار الغذاء والطاقة لا ينبغي أن تقوض الإجراءات الرامية إلى ضمان زيادة الصلابة من خلال الاستثمار في الصحة والغذاء ومصادر الطاقة الأنظف.

واتفق المديرون على أن السلطات النقدية ينبغي أن تتخذ إجراءات حاسمة للحيلولة دون ترسخ الضغوط التضخمية وتجنب انفلات التوقعات التضخمية عن الركيزة المستهدفة. وأشاروا إلى أن البنوك المركزية في العديد من الاقتصادات المتقدمة واقتصادات الأسواق الصاعدة يتعين عليها مواصلة تشديد موقف السياسة النقدية لإعادة التضخم بشكل موثوق إلى مستواه المستهدف والحفاظ على مصداقية السياسة التي تحققت بصعوبة. وأكد المديرون على أن وضع سياسة نقدية تتسم بالشفافية وقائمة على بيانات ومفصح عنها بوضوح يعد في غاية الأهمية لتجنب عدم الاستقرار المالي. ورأوا أنه إذا ما حدث تشديد مفاجئ للأوضاع المالية العالمية، يمكن

آفاق الاقتصاد العالمي: الحرب تُحْدث انتكاسة في التعافي العالمي

أن تتعرض الاقتصادات الصاعدة والنامية لخروج التدفقات الرأسمالية وينبغي أن تكون على استعداد لاستخدام جميع الأدوات المتاحة، بما في ذلك التدخلات في أسواق الصرف الأجنبي وإجراءات إدارة التدفقات الرأسمالية، عند الحاجة وبما يتماشى مع رؤية الصندوق المؤسسية بشأن تحرير تدفقات رؤوس الأموال وإدارتها ودون أن تحل محل مرونة سعر الصرف والتكيف الاقتصادي الكلي المبرر.

واتفق المديرون على أن الحرب في أوكرانيا ستكون بمثابة اختبار لمدى صلابة النظام المالي. وأشاروا إلى أنه رغم عدم تحقق أي حدث نظامي حتى الآن، فقد ارتفعت مخاطر الاستقرار المالي على عدة أبعاد بينما ضاقت الأوضاع المالية العالمية بشكل كبير. واتفق المديرون على أنه ينبغي القيام بمراقبة دقيقة للروابط بين الكيانات السيادية والبنوك في الأسواق الصاعدة التي يمكن أن تشكل فيها هذه الروابط مواطن ضعف. وأشاروا كذلك إلى مخاطر تشتت أسواق رأس المال ونظم الدفع، وإنشاء كتل للعملات الرقمية الصادرة عن البنوك المركزية، والتوسع في استخدام الأصول المشفرة، وزيادة تكرار الهجمات الإلكترونية. وأوصى المديرون بتشديد مجموعة مختارة من أدوات السلامة الاحترازية الكلية لمعالجة الجيوب التي تكمن فيها مواطن الضعف الكبيرة مع تجنب مسايرة اتجاهات الدورة الاقتصادية والتشديد غير المنظم للأوضاع المالية. ودعوا أيضا إلى وضع معايير عالمية شاملة واتباع استراتيجية تغطي جوانب متعددة للأصول المشفرة، وتقوية الإشراف على شركات التكنولوجيا المالية ومنصات التمويل اللامركزي.

واتفق المديرون على أن التعاون القوي متعدد الأطراف ضروري لمواجهة الأزمات الإنسانية سواء القائمة أو التي تتكشف تطوراتها، والحفاظ على مستويات السيولة العالمية، وإدارة المديونية الحرجة، وضمان الأمن الغذائي، والتخفيف من حدة تغير المناخ والتكيف معه، والقضاء على الجائحة. وفي إشارة إلى أن العديد من البلدان تواجه ارتفاع التقلب وزيادة الإنفاق نتيجة الجائحة والأزمات الإنسانية وتشديد الأوضاع المالية، دعا المديرون الصندوق والمؤسسات متعددة الأطراف الأخرى أن تكون على أهبة الاستعداد لتقديم الدعم المالي. وفي الوقت نفسه، أشاروا إلى أن إعادة هيكلة الديون على نحو سريع ومنظم، ولا سيما من خلال تحسين الإطار المشترك لمجموعة العشرين، ستكون ضرورية في الحالات التي يكون فيها دعم السيولة غير كاف. وأشار المديرون إلى أن التطورات الحادة المتزايدة في تغير المناخ تزيد من الحاجة الملحة إلى إحراز تقدم ملموس في التحول إلى الاقتصاد الأخضر. وأكدوا على أهمية تكثيف الجهود لتنفيذ خارطة طريق المؤتمر السادس والعشرين للأطراف في اتفاقية الأمم المتحدة الإطارية بشأن تغير المناخ (COP26) إلى جانب اتخاذ إجراءات ملائمة لمعالجة بواعث القلق المتعلقة بأمن إمدادات الطاقة. ورأى المديرون أن التعاون الدولي بشأن ضرائب الشركات ونظام تسعير الكربون يمكن أن يساعد أيضا في تعبئة الموارد لتعزيز الاستثمارات الضرورية والحد من عدم المساواة. ومع استمرار الجائحة، أكد المديرون أن الحصول على اللقاحات والاختبارات والعلاجات على نحو سريع وعادل وأوسع نطاقا لا يزال أولوية قصوى. وأكدوا مجددا على أن إجراءات معالجة الندوب الناجمة عن الجائحة تظل عاملا حاسما في تعزيز الآفاق على المدى الطويل وخلق اقتصاد عالمي أكثر صلابة واحتواء للجميع. وبالإضافة إلى ذلك، دعا المديرون إلى حل سلمي للحرب في أوكرانيا، وإنهاء الأزمة الإنسانية الناجمة عنها، والعودة إلى النظام الدولي القائم على القواعد الذي ساعد على انتشال الملايين من الفقر على مدار العقود الماضية.

قائمة المراجع

1 - أحمد الأشقر, الاقتصاد الكلي, دار الثقافة, عمان, 2007.

2 - أسامة محمد الفولي, مجدي محمود شهاب, مبادئ النقود و البنوك, دار الجامعية الجديدة, بيروت, 1999.

3 - أموري هادي كاظم الحسناوي,عصام خضير محمود, طبيعة البيانات الإحصائية وبناء النماذج القياسية, دار وائل للنشر,عمان,1999.

4 - أموري هادي كاظم الحسناوي, طرق القياس الاقتصادي, دار وائل للنشر و التوزيع, عمان, الطبعة الأولى, 2002.

5 - أميرة حسب الله محمد, محددات الاستثمار الأجنبي المباشر و غير المباشر في البيئة الاقتصادية العربية, الدار الجامعية, مصر, 2004– 2005.

6 - بلعزوز بن علي, محاضرات في النظريات و السياسات النقدية, ديوان المطبوعات الجامعية الجزائر, الطبعة الثالثة, 2008.

7 - تومي صالح, مدخل النظرية القياس الاقتصادي, ديوان المطبوعات الجامعية, الجزائر, الجزء الأول, 1999 .

8 - تومي صالح, مدخل لنظرية القياس الاقتصادي, ديوان المطبوعات الجامعية, الجزائر, الجزء الثاني, 2001.

9 - جيل برتان (ترجمة مقلد علي), الاستثمار الدولي, منشورات عويدات, بيروت, الطبعة الثانية, 1982

10 - جيلا لي جلاطو, الإحصاء التطبيقي مع تمارين و مسائل محلولة, دار الخلدونية, الجزائر, الطبعة الأولى,2007.

11 - حربي محمد موسى عريقات, مبادئ الاقتصاد, دار وائل للنشر, الطبعة الأولى, 2006.

12 - حسن عوض, عبد الرؤوف قطيش, المالية العامة لموازنة الضرائب و الرسوم (دراسة مقارنة), دار الخلود, الإسكندرية, الطبعة الأولى, 1995.

13 - حسين بن هاني, اقتصاديات النقود و البنوك, دار الكندي للنشر و التوزيع, الأردن, 2002.

14 - حسين علي بخيت, سحر فتح الله, الاقتصاد القياسي, دار اليازوري, عمان,2007.

15 - حميد بوزيدة, التقنيات الجبائية,ديوان المطبوعات الجامعية, الجزائر, 2007.

16 - خالد واصف الوزاني, أحمد حسين الرفاعي, مبادئ الاقتصاد الكلي, دار وائل للنشر, الأردن, الطبعة السابعة, 2005.

17 - دريد محمود السامرائي, الاستثمار الأجنبي المعوقات و الضمانات القانونية, مركز دراسات الوحدة العربية, لبنان, الطبعة الأولى, 2006.

التقارير الدولية

- آفاق الاقتصاد الإقليمي – صندوق النقد الدولي / ابريل 2022.
- أفاق الاقتصاد العالمي – صندوق النقد الدولي / ابريل 2022.
- تقرير الأونكتاد – مؤتمر الامم المتحدة للتجارة والتنمية – تقرير اقل البلدان نمواً 2020، القدرات الإنتاجية للعقد الجديد.
- تقرير الراصد المالي – صندوق النقد الدولي / ابريل 2022.
- تقرير الاستقرار المالي العالمي – صندوق النقد الدولي / ابريل 2022.

المحتويات